CHAMP LEXICAL *

buttagaz : gros-porcs virtuel qui maudit les ouvriers

loup-d'or : monnaie inventée par les gros-porcs

gros-porcs : tout les lobbies sans exception, a toi de faire marcher ton imagination

super-frite : opérateur virtuel

arôme des gros-porcs : tout les médias sans exception, fait marcher ton imagination

hublot : ministre virtuel de l'écologie

soeure-emmanuelle : présidente virtuelle

genevieille : femme artificielle

mgs: moyenne-grande surface

pendurer : durer dans la pendaison

meetfric-adopfric : site de rencontre virtuel

ladieedalas : lupanar virtuel

barbozi : ex-président nain virtuel

bouzedevache: ministre virtuelle de la santé

BN, 4l : voiture virtuelle

viennoiserie : ville virtuelle pâtissiere

unicité : theorème de la solitude aggravée

pcg : plan comptable général

a-t : accident du travail

a-i ; p-e : agence-interim ; pôle-emploi

f-a-n: fournisseur accès-net

cp: congés-payés

sommaire :

la femme, le pauvre, le paysan, les animaux, les petits, le sport **p 1 à 9**

le portier, agence-interim, le paysan industriel, l' arrogant-citadin
l'usine, le coursier, le coach du net, l'armée, le policier, le bus-train
l' eau-impôt, le postier, pole-emploi **p 10 à 23**

culture, guerre, religion-islam maghrebin, mariage, juif **p 23 à 30**

l'africain, l'argentin, le chinois, le corse, le francais d'antan-maintenant, l'italien
la latina, le roumain, le turc, les gens du voyage **p 30 à 40**

argent, avarice, banque-paris, gros-porcs, diable, fournisseur accès-net, médias
constitution, politique, école, costard **p 40 à 56**

paresse, colère, gourmandise, larme, dépression
bêtise-con, humilité-arrogant **p 56 à 61**

don-destinée, extra-sensibilité, écriture-ponctuation **p 61 à 64**

philosophie-sagesse, temps, rencontre **p 64 à 68**

lumière-découverte **p 68**

série-film, chevalière, miss-france-lunette-davinchy
cigarette-déchet-cacheton, foot **p 68 à 71**

pensée, citations **p 72 à 90**

« une femme qui fume, y a rien de plus laid »

« ce maquillage, les dénaturent.....pourtant, elles sont si belles
merci dame Nature......................et non la vieille................. »

« la femme c'est la plus belle chose au monde
quand elle est de ton coté biensûr............. »

« on n'utilise jamais tout le potentiel de notre femme
et pourtant, c'est mieux qu' une ferrari..................... »

« la femme elle te donne le sourire, la joie de vivre
t'en oublie presque les gros porcs des alentours.....»

« même les patisseries n'ont pas réussi a imiter la femme
elle est juste inimitable.. »

« ce qui nous cause des accidents, ce son leur popotin »

« la femme c'est un délice et pourtant on ne la satisfait pas »

« la femme est un régal...mais elle n'est pas à vendre
tout est beau... »

« quand je pense à toutes ces positions qu'on peut faire
et dire qu'on en utilise seulement 1 voir 2 maximum 3
à quoi bon avoir fait un livre.........ta juste à t' instruire »

« la femme manipule l'homme...... jusqu'à un certain moment »

« tout est bon dans la femme »

« les femmes nous considèrent comme pervers
avec les multitudes de combinaisons qu'elles ont
c'est normal........qu'on le soit......................... »

« les femmes nous considèrent comme des chiens
oui, mais Naturelle et spontané, contrairement à elle »

« les femmes sont naturellement vicieuses
les hommes naturellement bêtes..............
la Nature a bien fait les choses............. »

« l'homme a du mal à se contrôler quand il voit une femme qui lui plâit
c'est très flagrant..... et très génant.........mais Naturellement pure....... »

« les femmes, nous considère, tous des chiens
elles ont bien raison et on l'assume totalement »

« on aime bien matter les fesses des femmes
c'est pour cela qu'elles les mettent en valeurs »

« la femme ça ne s'avale pas....ça se déguste »

« pour être en totale osmose avec une femme
il ne faut pas être pudique………………. »

« la femme il faut bien la mâchée, bien-bien la mâchée……….
pour que les papilles gustatives donnent tout leurs pouvoires »

« la femme, elle enlève ton diabète et cholestérol
du moins…..si tu sais comment l'utilisée………… »

« la femme, c'est un parfum de couleur et tout lui va »

« même si elle ne peut pas…………elle te comblera….. »

« la femme est masochiste….elle te le dira jamais
maintenant tu seras……………………….. »

« la femme ose pas s'exprimée……elle a peur
et pourtant, c'est tellement séduisant………… »

« si tu veux connaître….tout le potientel de ta femme
met-la en confiance……………………………….. »

« n'ai pas peur de prendre des initiatives….elle attend que ça »

« la femme, elle est sublime quand elle est Naturelle »

« la femme, c'est un dessert sans fin………………. »

« si tu veux connaître un petit bout de paradis avec ta femme
libère-toi………………totalement……………………………. »

« la femme, c'est un coussin de chaleur, et on y est bien dedans »

« laissez parlez vos instincts primaires……ya rien de mieux…. »

« quand tu es tout nu…….tu ne caches rien
autant se donner complètement…………. »

« ta femme, s'en fout de tes cicatrices…tâches…et ta pilosité
c'est sa complexitée………………………………………. »

« ta femme, elle enlève tes brûlures, coupures
elle utilise son instinct maternel……………… »

« ta femme, te comprends, t'écoutes, te tempères, te calmes
encore mieux qu'un élixir……………………………………. »

« ta femme……… elle t'accompagne dans les batailles……………………………………
elle s'en fou….elle veut rien savoir….elle vient et ça sera ta plus grande alliée »

« ta femme doit t'accompagner dans les guerres
c'est la plus grande et fine des stratèges........
indispensable à la victoire............................. »

« ta femme, t'aide dans tes choix
écoute-la donc........................ »

« tu t'es jamais demandés pourquoi elle joue ce rôle.............
de pièce maitresse aux échecs...............maintenant tu seras »

« ta femme, elle est plein de vie............
c'est parce qu'elle même, donne la vie »

« ta déjà vu ta femme quand elle est en colère.....
ne la sous-estime pas......................... »

« ta femme, c'est ta confidente....ton jardin secret
encore mieux ....qu'un notaire »

« le pauvre, il est obligé de mendier........................
sinon personne ne lui verse une pièce...................
et même quand il demande, on ne lui en verse pas »

« seul, le chien comprend le pauvre........
pourtant, il ne parle pas la même langue »

« le pauvre n'est pas méchant
ni lui, ni son chien d' ailleurs »

« il y a le pauvre et celui qui veut paraître
apprends à les reconnaître.................... »

« le pauvre est 100% écolo..............
il essaye toujours de tout garder
rien n'avoir avec hublot*................ »

« les pauvres ne se préoccupent pas de leur retraite »

« le pauvre est très intelligent
il a seulement pas d'argent.. »

« le pauvre ne compte pas les jours
il connait déjà pas l'année......... »

« le pauvre n'a peur de rien.........
après-tout, quand on a plus rien »

« on se désintéresse du pauvre
car on n'écoute pas son histoire
pourtant, il a tellement à raconter »

« le pauvre sait prendre le temps
mais le temps fige le pauvre..
aidons-le, ce malheureux........ »

« le seul moyen de le comprendre et être généreux avec lui, c'est de s'imaginer à sa place
après-tout ce n'est pas 0,50 ou un loup d'or* qui va nous tués, c'est eux qui nous tuent....»

« arrétons de se sentir invincible, on est que de passage...........................
le cimetière nous le rappelle...il faudrait encore allez jeter un coup d'oeil »

« il est beau le paysan avec son troupeau
il a de la chance........je l'envie presque »

« le paysan parle bien plus à ses animaux qu'avec l'homme
ceux-ci sont beaucoup moins méchants.......................... »

« le paysan a plus confiance en ses bêtes qu' à l'homme......je le comprends »

« le paysan a toujours plein de belles histoires a racontées
c'est qu'il est en permanence avec la Nature .... »

« le paysan a pas beaucoup étudié, il en avait pas besoin »

« les gros porcs* manipulent les paysans.............honte à eux ! »

« le gros porc se fou du paysan............. et de son troupeau.............
il fait forniquer tout le monde......du moment qu'on peut produire »

« le paysan est crédule.........c'est pas de sa faute si il s'est fait avoir »

« le paysan est un vrai amoureux, un vrai passionné parce qui fait
choses rares de nos jours.. »

« le paysan est comme une femme.......................
la plus belle chose qui soit arrivé sur cette TERRE »

« les bêtes adorent leurs paysans, une vrai grande famille unie »

« le paysan se tue pour ses bêtes »

« le paysan serait prêt à travailler nuit et jour pour ses bêtes
refusant ces 5 semaines de cp*, il en a même pas, le pauvre »

« on a jamais eu autant de paysan pendu...
jusqu'à quand cela va pendurer*................ »

« les paysans d'avants, avaient la force de tout mettre à feu et à sang.............
quitte à mourir pour une belle cause..
ils préfèrent se sacrifiés comme on sacrifie leurs bêtes.. »

« les gros porcs ont meme réussi à separer les paysans......................
on a presque envie de croire que tout est perdu d'avance................. »

« le paysan n'aime pas trop parler et il a raison.................................
il est tellement naturel et spontané que parler est inutile pour lui »

« le paysan te comprends.....quelque soit la situation que tu as vécu
c'est la puretée de son cœur qui est comme ça............................ »

« les gros porcs, ont corrompu nos paysans..........................
heureusement que la Nature finit toujours par les rattrapés »

« le paysan est aussi précieux qu'un rubis.............
d'ailleurs, il en a plein les yeux......................... »

« le paysan devrait figurer sur le drapeau national »

« le paysan n'aime pas le citadin et il a raison »

« le paysan rigole, quand il nous voit avec nos fruits............................
tout propres, sans rayures sans bavures........il sait qu'il est superficiel »

« le paysan est si simple que j'en perds presque mes mots »

« le paysan est beau....aussi beau que son troupeau........
pour lui c'est le plus beau des compliments..................
pour l'arrogant-puant, c'est tout simplement pathétique »

« le paysan est ouvert.....normal, il vit dehors »

« le paysan n'a pas de miroir chez lui.......et pourquoi faire »

« le paysan a un vieux jean, vieux tee-short.....
qu'est ce qu'il sen fout.......et contre-fou...........
il sait, que c'est la beauté interieure qui compte »

« tout paysan devrait être avec la plus belle femme du monde
c'est le minimum qu'on puisse lui offrir.............................. »

« jesus devait-sûrement être un paysan »

« le paysan parle cru, dru......................
mais tellement sincère et vrai............... »

« on se moque du paysan.....
pauvre de nous................ »

« le paysan roule avec sa vieille voiture................................
qui fonctionne mieux que celle qu'on vient d'acheté............
ya pas de quoi fanfaronner.. »

« le paysan se prend pas la tête, il prend ce que la nature lui donne »

« le paysan ferait tout pour ses bêtes, ton soi-disant ami.....
te laisserais crevés et coucherais avec ta femme................ »

« le paysan n'a pas besoin de parler à ses bêtes, tout le monde se comprend
la tour de babel est bien-faîte... »

« le paysan rigole du citadin arrogant et il a bien raison »

« le paysan à un cœur d'or.....ça m'émeut presque au larme »

« le paysan à son language rafistolé, l'essentiel c'est qu'il se comprend très bien »

« le paysan personne ne le connaît, mais tout le monde l'aime, un vrai béni des Dieux »

« le paysan, il marche......nous on reste assis
à croire, qu'on a pas évolué....................... »

« le paysan, il chante................s'exprime..................siffle................
nous on écoute en essayant de ne pas déranger le voisin du dessous »

« le paysan à plein de couleurs autour de lui........
nous on éteint les lumières............................. »

« le paysan aime ses bêtes.....nous on aime le net »

« le paysan peut aller dans toutes les directions..............
nous on a soit l'ascenseur.......soit l'escalier.................. »

« le paysan parle avec les fleurs, les arbres et elles l'écoutent
nous on parle tous en même temps................................ »

« le paysan reçoit plein de vitamine d
nous on l'achète............................... »

« le paysan respire la bonne air....................nous celui des gros porcs
on en vient à diminuer notre vitesse....tellement qu'il est envahissant »

« les paysans ce sont nos druides, toi, tu regardes la météo...........
lui voit en fonction du vent et de l'humidité qu'il y a dans l'air »

« le paysan est immunisé contre le diable........
on cherche encore le vaccin pour le gros porc »

« le paysan....on le voit pas..........pourtant
il est plus souvent dehors que toi........ »

« le paysan aime expliquer............raconter...........
c'est qu'il est tellement passionné par ce qu'il fait
que ça en devient contagieux et on en redemande »

« le paysan sait prendre le temps......la Nature, le lui a apprit »

« le paysan à de quoi être heureux et fier
sans eux, nous sommes rien............... »

« pour le paysan, l'animal est aussi humain que lui, et ce à juste titre
il a passé presque toute sa vie avec lui..
ils ont eu le temps de se connaître, de s'etudier, de s'apprendre.......... »

« pourtant tout cela n'est pas écrit dans les livres......................................
la nature, nous laisse se développer comme ce jardin de fruit et potager »

« le paysan se soigne sans stress avec les fleurs qu'il trouve abondement dans la Nature
nous dés qu'il y a un peu de sang.......on apelle les pan-pan........compris coin-coin.......... »

« nos paysans, on les voit pas...mais quand ils sortent manifestés
on est si heureux..........pourtant, ils habitent juste à cotés....... »

═══

« les animaux on les connaît plus...........
c'est surtout parce qu'on les étudie plus »

« même les petites bétes nous font peur
on en courait presque à 100 à l'heure »

« la béte.....on l'accuse de tout...
les arômes des gros porcs*....l'affichent en gros de tout les maux
on à surtout pas su l'apprivoisée.....................l 'éduquée............ »

« c'est dingue cette arrogance et frayeur à la fois
on a réussi à mélanger...l'inmélangable...........
ça doit étre sûrement un coup des gros porcs.. »

« on fait des croisements à tout va..............des expériences inutiles.......
des semances qui n'ont rien a faire là, en croyant que cela nous aidera »

« pourtant la Nature a bien fait les choses, pourquoi vouloir tout mélangés..............
vouloir surtout le tout du tout, celui-là, tu le vois juste en haut, et puis laisse tombé »

« on met tout le monde dans le même panier
un peu comme les maghrébins................. »

« les animaux c'est comme le potagé, on les met tous dans le même panier
moi qui pensait que seulement les gros porcs avaient cette vertu............
comme quoi je suis belle et bien comme vous......................... »

« les différences sont si significatives qu'on veut même plus s'embêter à comprendre............
a quoi bon !...autant perdre son temps.....en plus cela n'a pas d'impact pour l'environnement »

« les animaux, ils sont beaux, on devrait nous les présentés à l'école............
pour mieux les comprendrent et les acceptés au sein de notre commaunauté »

« les animaux on les maltraite............
c'est vrai qu'ils n'ont pas de sentiment »

« allez discuter avec une vache dans le pré
le paysan vous la présentera .... »

« vous verrez si elle n'a pas de sentiment......
pareil pour le cochon..lapin...mouton........
et j'en passe.......tout les animaux quoi....... »

« moi, j'ai jamais compris d'ailleurs... pourquoi on les maltraite
ces pauvre bêtes................pourtant c'est si simple.................. »

« alors je m'explique.....on les anesthésie tous avant........
et on leurs réserve un camion-repos pour animaux..... »

« qui n'aimerait pas mourir anesthésier....c'est la plus belle des morts
le vétérinaire prends acte......répertorie et terminé........................
ça doit être sûrement plus compliqué... »

« il va à l'atelier de découpe plutôt que ces abattoirs pour sadique......
ou personne veut te laisser rentrer.....tu m'étonnes vu le film d'horreur
on a rien à envier a chucky et freddy de nos vieux abattoirs pourris.... »

« pourtant la viande on en raffole...c'est juste la manière qui pose problème......................
d'ailleurs elle en devient folle, normal attacher à des lanières..à coup d'électricité en l'air »

« pour le poulailler industriel....ça devrait être juste interdit
si y'en a pas assez .....y'en a pas assez point........................ »

« on fera des efforts..................on peut bien patienter quelque jours
d'ailleurs on ne s'emportera que mieux...il faut varier sa tombe bien »

« généralement, croyez-moi il y en a beaucoup trop...............
c'est juste les gros porcs qui ont mis cette technique-pourri...
de rayon toujours plein, remplis..il paraît que ça fait bien..... »

« le bébé pleure....................et on fait semblant de l'ignorer
pourtant...c'est sa seul façon de s'exprimer.....pauvre de lui »

« les petits, on leur offre tout..............
pourtant, il on juste besoin d' amour »

« les petits sont très gâtés...................................
ça ne fait pas d'eux....des enfants plus heureux »

« les petits portent tous des lunettes...
les gros-porcs doivent être contents »

« les petits ne demandent rien.......................................
juste d'un espace vide, de l'attention et des sourires......
il sera le plus heureux et le plus épanoui........mon mimi »

« les petits on juste besoin qu'on passe du temps avec eux....
mais on préfère les scotchés devant la tv...ça les occuperas
c'est surtout qu'on ne veut pas s'en occupé.........................
pourtant quand tu as accouchés.......tu étais bien émerveillés
la plus heureuse....maintenant qu'il est là..tu l'envois au trépas »

« les petits, on ne prête plus attention, à ce qu'ils essayent de nous dire.......................
de nous faire comprendre, pourtant il suffit juste de lire ce qui est écrit dans les yeux
mais on a plus le temps, plus le temps de rien, pauvre petit, un jour; tout cela changera »

==

« le sport, on devrait le pratiquer un peu tout les jours..............
on pourrait presque se passer de sport en jetant notre tv..........
et en mangeant les produits de nos chers et tendres paysans »

« on préfère biscuits... sodas.....et pâte à pizza
j'en avait oublié que c'était des lipides...... »

« le coach sportif..................c'est une pure invention.......
c'est juste si tu n'es pas motivés....on peut tous s'en passer »

« le problème..............ton obésité.........
rassure-toi...il n'ya rien de compliquer »

« le mot est tout simple alimentation ....
je t'en fais une brève description......... »

« on ta martyriser avec les lipides..........certain nutritionniste sous l'emprise des lobbies...
te diront mange moins gras...toi, tu l'assimileras aux lipides...qui dit gras.. dit lipides........
ça paraît tellement évident.........................et pourtant..................................... »

« donc tu cesseras....la bonne charcuterie.........le fromage........le bon beurre..........
et tu continuras avec sodas.........pâte à pizza......biscuits...... et compagniiiiiiiii... »

« pensant que tu as trouvés la formule magique........................... »

« et quand tu te regarderas aveuglés par ta naiveté......tu y verras le même gras.................
on t'en veut pas les gros porcs de cette compagniiiiii, on mit le paquet..celui que tu connais »

« pourtant la formule, elle est simple....et sans magie......................
que du concret........................mon poussinet..........................
juste à appliquer tout le contraire de ce qu'on a voulu te faire croire »

« essaye de l'eau...............avec morceau de fromage.......... et charcuterie...................
et tu penseras que c'est un miracle....non juste la Nature qui nous a gâtées...................
en plus, tu y trouveras tout les bons acides aminées ....ce que la Nature, nous a dotée »

« le portier ça part d'une bonne intention........
c'est après que les choses se corse............. »

« au départ.........il veut juste te protégés.....assurer ta sécurités......
l'alcool, il ne faut pas en abuser.....pourtant, tu en es informés... »

« c'est pour cela qu'il est là à la base............pour ne pas te voir déraper...par ton excés de stupidité
mais ils l'ont transformée en videur...bravo les gros porcs...vous avez encore taper fort...............»

« le portier-sécurité....ne veut pas que tu rentres..........................
il a aucun motif légitime.....d'alleurs, il ne s'explique pas.......... »

« le portier-sécurité, préfère faire rentrer les femmes
ne vient pas me parler de discrimination................. »

« le portier-sécurité en fait-meme rentrer qui ont 16 ans
toi t'en as plus de 25.................................... »

« le portier-sécurité, tu te demandes si c'est lui ou sont gros porcs ....
qui a mis la laisse pour décider cela.......nous on a notre petite idée....... »

« le portier, il est arrogant.................
à voir sa brioche, il ya pas de quoi »

« le portier est surtout gros mais avant tout gras.......................................
c'est qu'il pense que ce sont les lipides, qui lui font prendre du gras.......gros porc »

« le portier et la sécurité, ils sont aussi arrogants que leurs brioches
il suffit de voir pour constater.. »

« le portier et la sécurité adorent travaillés les bras à la musculation
c'est vrai que tu couras plus vite..........bande de cochon-glucide.... »

« le portier est jumeau avec la sécurtité...biensûre dans l'obésité.....................................
qu'on aille pas me dire que ce sont ces jumelles qui ont écrit un livre sur comment être plus belle »

« le portier et la sécurité sont habillés en rangers.....
ça leurs permettra d'assouvir leurs soif d'arrogance »

« le portier et la sécurité ne peuvent qu'être bercer par un gros porc
pour avoir un tel comportement .... »

« le portier te tombe-dessus jamais seul...
il apelle toujours sa meute de grasouillet »

« le portier est fier de sa carrure et ses bras.............
il en oublie juste que ça représente 80 % de graisse »

« le portier et la sécurité sont sûrs que : plus ta de gros bras plus tu portes lourds
c'est tellement évident..........................et pourtant.. »

« le portier, ne te regardes même plus.....
il te dévisage....gros porcs.................... »

« le portier, c'est un kéké.........................
tellement arrogant avec son uniforme.... »

« le portier devrait s'inspirer plutôt des combattants thailandais
que des sumos japonais.. »

« le portier aime jouer les caids.......gangsters........
heureusement que la réalité, finit par le rattraper »

« les a-i * sont devenu le mirador des prisons
ta l'impression de passer au scanner à toison »

« les a-i sont débordées....inscrit-toi donc sur internet
on t'apellera si il y a du boulot................................ »

« les a-i sont devenu pire que le comissaire moulin »

« les a-i c'est la serpillère des gros porcs
et crois-moi qu'ils l'essorent bien.......... »

« si tu veux contacter une a-i, n'oublie pas de composer le : 1, 2, 3 ou 4 »

« les a-i sont vouées à disparaître...sa sera déjà cela de fait »

« les a-i sont tellement dépassées par les évènements...............
qu'elles postulent sur le bon-coin ça permet de les rassurées »

« les a-i aiment bien afficher 10% CP+ 10% IFM.......
on en oublie presque que cela reléve de la normalité »

« les gros porcs adorent les a-i...............
ils en mettent même dans leur couvent »

« on t'appelle....on t'arrête... sans raison ni justification..
bienvenu au club-med de l'élevage industriel.............. »

« attends-toi...toujours a avoir un souci
sur ta feuille de paye avec les a-i........ »

« quand tu travailles pour une a-i...oublie pas de faire ton boulot
plus le leurs................malheureusement c'est comme ça.......... »

« les a-i te parlent en brut...ça fait plus gros plus jolie
nous on connait l'affaire......du porc salutaire.......... »

« les a-i, te parles toujours en brut......
c'est vrai que c'est pas leurs salaires
qu'est ce qu'elles s'en foutent........... »

« généralement ce sont des femmes.............les gros porcs ont bien calculés leurs coup
il faut que sa attire, te met en confiance........la voix est douce et calme.........................
jusqu'a ce que tu t'apercois que le compte n'y est pas.. »

« toi tu veux connaître ton salaire net...et ce a juste titre....
c'est celui qui file tout droit dans ta poche........................
c'est tellement compliqué d'enlever 23%.........................
c'est surtout que ça ne leurs parle pas..................................
on ne les as pas cuisinées pour cela .... »

« quand tu rentres dans une a-i et qu'elles t'ont jamais vus.....
elles se sentent terrorisées comme dans un abattoir............
il faut dire qu'il s'en est tellement passée là dedans......
que meme l'iran et l'irak est un long conflit d'antan..... »

« au final elles y sont pour rien..elles obéissent...appliquent les techniques
il est tellement plus simple pour un gros porc de cuisiner une femme »

« on a tous équipés les a-i et p-e * de caméra
et personne ne se demande pourquoi......... »

« tu travailles pour eux 1,2 ou 3 ans et pour ta reconnaisance
on t'offre une paire chaussure de sécurité de shingai.......... »

« on te demande d'avoir le caces 1,3 et 5...être polyvalent
pourtant lui, le taux horaire il ne bouge pas..................
vous voulez pas ma culotte avec mon caleçon.............. »

« les gros porcs exigent au minimum 5 ans voir 10 ans d'expériences.........................
c'est ce qui appelle l'égalité des chances..vous attendrez donc que je sois retraités..... »

« les gros porcs sont persuadés qu'un expérimenté fera du meilleur boulot
malheureusement, la réalité n'est pas si simple à résumer........................ »

« le paysan transformé en industriel................
à cette pauvre èpee damocles sur son tracteur »

« le paysan industriel...à perdu la joie.....la foi....
il travail sans conviction.....sans passion......... »

« le paysan indutriel....c'est comme une dépression....
le tunel est long.........pouvu qu'il trouve la lumière »

« le paysan industriel, c'est laissé bercé par les gros-porcs
pourtant Dame Nature au fond de lui....lui a dit que non.. »

« le paysan industriel est préssé, faut tout vidangé...tout récolté....
il n'a plus la notion de rien....surtout celle du temps...pauvre de lui »

« le paysan industriel, détruit tout........
après-tout....tout le monde s'en fou..... »

« le paysan industriel, on vient de l'emmener en soint intensif
il est entre la vie et la mort.....pouvu qu'il sen sort................. »

« l'arrogant, vante-le et il croira qu'il pourra voler »

« l'arrogant, il a un pied sur Terre et l'autre sur la lune
en tout cas sa tête, est bien dans les nuages.............. »

« quand l'arrogant se regarde, il ne trouve aucun défaut
pourtant ce n'est pas ce qui manque.......................... »

« l'arrogance, c'est la maladie du 21 eme siècle »

« l'arrogant se trouve beau, sans connaître la définition de la beauté »

« l'arrogant aime faire voir qu'il a de l'argent..........
il oublie de dire qu'il vit chez ses parents............. »

« l'arrogant frime, pourtant il n'y a pas de quoi »

« il te regarde d'un air hautain
c'est sa grimace préférée.....
pauvre de lui....................... »

« l'arrogant connait tout.....................
mais c'est surtout le rien qui domine »

« l' arrogant vit sur une autre planète
pourtant on est tous sur Terre »

« arrogant un jour, arrogant toujours..................
grâce au ciel ce n'est pas si simple et tant mieux »

« même dans le chewing-gum il ya de l'arrogance
c'est parce qu'il n'est pas naturel..................... »

« l'arrogant aime bien faire la leçon.....pauvre de lui »

« l'arrogant aime parler fort et vite.......................
c'est pour mieux se faire remarquer et se justifier »

« l'arrogant-citadin, te dira qu'il a eu 100 conquêtes.....
on les cherchent encore.. »

« l'arrogant-citadin..adore draguer via meetfric*..........adopfric*.........et compagnie.....
il en a perdu ses couilles..pourtant elles sont bien là..ou ça....le pauvre il ne voit pas »

« l'arrogant-citadin, il a plein de femme.....seul lui les connait »

« l'arrogant-citadin.......aime rouler vite..................musique à fond.................
il faut que toute la ville sache qu'il est là......faut qu'il soit vu.......................
pourtant tout le monde s'en fou.......enfin la ville....vous m'avez compris quoi »

« l'arrogant se croit unique.....jusqu'à ce qu'il se retrouve seul....
vous me direz cela fait partie de l'unicité*................. »

« l'arrogant jamais te diras qu'il a vissé en dévissant..........
monter un pneu a l'envers ou s'être fait voler son téléphone
il est bien trop fier pour ça................................. »

« l'arrogant adore parler et attirer l'attention sur lui-même
le sage, lui, il écoute................................. »

« l'arrogant, il a plein d'amis.....enfin des sois-disants amis..........
entre arrogant.......sa finit toujours un jour ou l'autre par explosé
problème de grosse têtes................................. »

« l'arrogant, il aime payer des verres à tout le monde, montrer qu'il est présent.........
pourtant les vaches ne hurlent pas...............et on les voit bien.......mes petites bêtes »

« l'arrogant est un oceau de mauvaise chose......l'expliquer serait trop compliqué »

« la paresse chez l'arrogant citadin est devenu un met principal......................
n'oublie pas de prendre ta voiture...la boulangerie et la pharmacie sont a 50m »

« l'arrogant arrive a bout de souffle....a force vouloir tirer la machine à son maximum.................
elle finit par cassée.......la Nature a finit par te rattraper.....on ne fait qu'apprendre....mon tendre »

« rien qu'à ses gestes....ta envie de l'éclater »

« il parle pas mais mime beaucoup
parfois c'est pire........................ »

« ses réactions en dit long
pourtant il a rien dit...... »

« il ya un peu de gros porc dans l'arrogant....
tout simplement parce qu'il est déséquilibré »

« l'arrogant sait même pas qu'il est
sa fait partie de la maladie......... »

« l'arrogant avance doucement, se penche et tombe
passe le bonjour a narcisse de ma part....où ça..... »

« l'arrogant finira un jour ou l'autre par retrouver l'équilibre............
car la Nature est bien faite méme si cela doit être son dernier jour »

« l'usine les gens se marchent dessus, sont divisés
il y a même plus un brin de solidarité................ »

« l'usine, c'est chacun pour soi....................
pourtant, on est tous dans le même bâteau »

« on se regarde.....s'observe...........s'espionne....................
pour savoir : qui a fait le plus de nuit... w-e...jours fériés
bref qui a le plus gagnés.................sûrement ton vieux.. »

« on se fait des sourires....on se serre la main
on regarde surtout pourquoi il est du matin »

« avant-d'être syndiqué, il te fait les yeux doux...appel du pied
une fois syndiqué......tu les cherches encore......................... »

« les syndicats ça ne me parle pas...d'ailleurs eux-même ne se parle pas »

« désormais on se syndicalise avant-tout pour son intérêt..................
éviter d'être licencier...et passer le plus de jours éloigné de la société »

« les syndicats ce n'est plus ce que s'étaient
normal, les gros porcs ont réussi leur coup »

« on manifeste en chantant, marchant, riant
ça n'empêche pas les porcs de bectés....... »

« on manifeste...on ne sait même plus pourquoi »

« selon la police...il était 20000
selon les syndicats 60000.....
moi je dirais 40000.............. »

« il dort en fait le moins possible...tire au flanc
et c'est lui qui va te traiter de fainéant............ »

« il trouve que maintenant que tu as signés un cdi...tu en fais le moins possible
il oublie que c'est parce que tu faisais leur boulot en plus du tien................... »

« les pourris respectent davantage les anciens
pas grave, tu travailleras plus tard................ »

« le travail c'est la santé...demande a André »

« la retraite vaut mieux la prendre jeune et travailler après
on y gagne en année de cotisation................................ »

« les pourris se jettent dessus comme des rapaces
qui attendent leur cadavres.............................
voilà comment ils nous ont transformés............. »

« on manifeste avec des merguez et des chants de trompettes
qu'est ce tu veux faire avancer les choses............................ »

« tu t'es investis a 100%, ty a laissés tes tendons et ton dos
à quoi tu t'attendais.. »

« le coursier, il t'aurait presque écrasé sans s'en apercevoir, normal, c'est écrit dans l'intitulé
il ne fait qu'appliqué...personne a pris le temps de lui expliqué........d'ailleurs il en a pas »

« le coursier, le temps le rend aveugle et quand il en a plus
cela le dénature, lui comme nous........pauvre de toi...... »

« le coursier, si il pouvait monter à 200km/h en ville, il hesiterait pas
et c'est surtout pas les gros porcs qui lui interdiront........................
bien au contraire, ils leurs diraient juste de prendre quelques précautions »

« ta beau donner ton numéro, à quoi bon............
tu vois bien que le coursier n'a pas le temps....
d'ailleurs, c'est écrit dans les évaluations........... »

« le livreur au fond il est sympa, on là juste façonné, confectionner sauce coursier »

« essaye d'inviter le coursier à boire une tasse de thé.......
même le temps n'y arrive pas.......imagine-toi................ »

« les gros porcs hésiteraient pas à dérégler l'horloge du temps si ils le pouvaient
bande de chien errants... »

« d'ailleurs, si ils pouvaient livrer en une minute........... ils hésiteraient pas....................
ils te diront que c'est pour te saisfaire, nous on connait l'affaire.........colis suivant svp »

« le coursier, pour lui, le code de la route n'a plus de sens..........
tu le vois bien........c'est qu'il a perdu ses sens........ le pauvre »

« le coursier, on ne lui en veut pas, les gros porcs, ont décidés qu'il livrera un maximum
en peu de temps ....pas de quoi stresser...........au cas où tu décides de te suicidés...... »

« le coursier, c'est un shumacher, il en oublie juste que celui-ci pratiquait sur circuit
oui-oui le contrat le stipule bien... »

« le coursier court après le temps, il en fabrique de la cortisone
il en oublie juste que c'est mauvais pour la santé.................... »

« le coursier court après le temps pourtant lui ou elle sait prendre son temps
je te laisse même le choix du déterminant.. »

« le coursier, si on lui autorisait à livrer par la fenêtre
il le ferait sans hésiter ....pauvre de toi................ »

« c'est pour cela que j'ai décidé que ce livre ne sera pas coursier
il faudra donc venir le chercher... »

« le coursier, je suis même pas sûr qu'il a ses papiers
et c'est moi qui doit lui presenté........paradoxe non.... »

« le coursier, on ne lui en veut même pas, il prends pas le temps de voir comment on l'a conditionné
après tout il en a pas......................il prépare déjà son carton................................ »

« fut un temps, on les appelait livreur : accueillant, souriant, discutant, acceptant le thé volontier »

« les gros porcs, on en fait des coursiers, pourtant tout est limité..................
même les gros porcs ont enfreins le code de la route..........chapeau............ »

═══

« les coachs du net...ça part d'une bonne intention
c'est aprés que les choses se corse...................... »

« il te donne des explications....en faisant des demonstrations
tout est beau dans le tableau.............enfin presque................ »

« les coachs sportifs surtout du net et de la musculation aiment bien truquer leurs photos
pourtant ils sont coachs.......... qu'est ce qui sonne faux................................. »

« les coachs presentent toujours leurs proteines de merde.........................
je suis sûre qu'ils ne connaissent pas la moitie des choses qui a dedans »

« il la présente surtout parce qu'il touche une petite compensation des gros porcs »

« les coachs se sont jamais demandés pourquoi ce sont toujours les pseudo-sponsors de gros porcs
qui viennent frapper à leurs porte................demande à tes vues...........le pauvre il n'avait pas vu »

« les gros porcs de cette industrie nous empoissonne..............
tout est present dans le beurre...viande rouge et le fromage »

« on parle de complément alimentaires, quand on ne trouve pas les choses dans les aliments
mais Dame Nature a bien fait le céan...............................tu peux-me croire................. »

« les complements alimentaires, une pure invention des gros porcs
j'ai même presque envie de dire l'arnaque du siècle .... »

« pauvre coach, à vouloir devenir trop gros, on ta déjà bien enveniner, tu partais d'une bonne
intention en donnant des cours et conseils mais ça na pas été suffisant......pauvre de toi »

« le coach ça part d'une bonne intention mais le gros porc à toujours un œil vigilant »

« le coach je suis sûr qu'il pense que c'est la faute des lipides si on est obèse....d'ailleurs c'est pour
cela qu'il coupe les glucides les deux dernières semaines de sa compétition.........allez comprendre »

« qui plus est, il connait avant tout le rôle des proteines..................... et glucides................
mais pas celui des lipides, va donc t'informer au près de notre chère et tendre frère nubret
que son âme repose en paix.. »

« le gros porcs, te murmura toujours que tu pourras faire 100 kg sec et naturel............
malheureusement il ya toujours des crédules........après-tout ce ne sont pas des nuls
j'essayes juste de remettre les pendules.............................dans ce monde vasicule... »

« dans ce monde là, tout est devenu tellement pourri que j'en reste abasourdi »

« pauvre d'eux il aide ces lobbies...malgré eux............
quand à eux...ils en ont des étoiles plein les yeux »

« toi qui partait d'une bonne intention.......maintenant tu seras comme quoi........
il est pas toujours bon ....de manger trop de poulet....poussinet...... »

« l'armée je la respecte
mais c'est une secte.... »

« d'ailleurs, je suis content d' avoir jamais participé
quand on voit comment ont les as transformés...... »

« tu fermes ta gueule......... et t'obéis
oui sergent..je peux aller faire pipi
qu'est ce que j'ai dit !!!................ »

« l'armé, c'est sacré...on ne doit pas en parlé
bien évidemment borné.......j'en parle........ »

« pourtant ça part d'une bonne intention
c'est après que les choses se corse...... »

« on t'apprends la discipline...à vivre en groupe..à te défendre
ça c'est pour la partie théorie comme à l'école de jules ferry..»

« pourtant le gradé...........c'est seulement un homme...........
il rentre chez lui...voit sa fille.....la-sert dans ses bras.........
elle l'appelle papa, puis il se dirige vers les toilettes............
la il fait caca et puis s'en va....enfin il tire la chasse-d'eau....
elle lui a rapellé à l'ordre..il a obéit croyant que c'est barbozi* »

« le gradé il est comme toi......comme moi.....comme vous.......
on lui a juste remis un insigne..pas besoin de faire de la frime
pas besoin de te vanter...vu-comment tu prends soin de tes alliés
bonjour l'armée....enfin plutôt au-revoir car il est déjà bien tard.. »

« le problème, c'est que comme tu la connais pas bien.....
tu la juge donc à travers les liens, et qu'est ce qu'on voit
une bande de gradé..prenant un malin plaisir a le critiqué
le déshumanisé de toute part de tout coté a ten faire pleuré »

« pas besoin d'hurler à la mort comme un chef brigadier................
tu va le stressés..il va paniqués et se tirer une balle dans le pied
arrête d'étre borné..et d'écouter comme un coin-coin ton eliticien

apprends toujours a gardé ses 20% de liberté au moins pour les tiens
ton étoile et ton uniforme c'est juste pour la forme..........................
confectionner par les souverains armés afin de te manipulés............ »

« tout est bien ficelé.....calculé......
il joue sur la psychologie.......... ....
d'ailleurs on leur a dit de se calmer
et ils on écoutés....oui les gradés......
car ils obéissent eux aussi............ »

« le policier ne doit pas prendre des airs de cow-boy ou robocop
on sait tous qu'il est avant-tout humain.................... »

« le policier c'est comme un psychologue
il doit comprendre avant-tout............... »

« qu'est ce qui différencie un policier de la population
invite-le à la piscine....... tu verras..............ou pas.... »

« le policier ne doit pas obéir comme un maitre à son chien
il a un devoir pas un droit................................ »

« les policiers ont leurs donnent pas les moyens
qu'ils arrêtent de se casser la tête................... »

« un bon policier ne connait pas l'arithmétique »

« les policiers on peut les comprendre en toute légitimité
sans en avoir honte....................................... »

« policier...armée arrété d'étre bornés..soyez plus tolérant et indulgant
au lieu d'obéir à votre suprematie, d'ailleurs vous avez pas de chef
vous étes libre de choisir, libre de trancher...entre le juste et le mal
c'est la plus belle sécurité, que vous pouvez apporté pour notre bien »

« pauvre policier, toi qui te fais agressés......insultés.....de tout part............
souvent injustement à cause de cet insigne que personne ne comprend »

« les bus.......moi......j'ai jamais compris »

« les compagnies de bus et trains doivent être corrompu jusqu'à la moelle....
pour ne pas voir tout le pétrin causé.......................et sa continue............ »

« ils font partie des pires car ils font partie du publique..........
et toi tu te dis le publique c'est bien..................... »

« ces gourous là.....sont vraiment des chiens aveuglés.............
ils doivent vraiment se gaver avec les fonds publiques..........
pour ne pas apporter de sécurité......rigueur et discipline... »

« alors moi du haut de mon bac stg..............................
je vais tentés de leurs expliquer à cette bande d 'E.......
oui tu ma très bien compris... »

« j'ai voyagé...............................je suis monté, dans le bus...........
il y a le chauffeur qui conduit...normal...c'est le chauffeur..........
accompagnée de son courtier..lui s'occupe simplement d'encaisser
et ce a juste titre.........................c'est dans son titre....................... »

« chacun son boulot pas de contrôleur...juste un mini-tour-mickey...........
entre le conducteur et l'encaisseur.....la securité assurée sans être fliquée »

« on monte à l'avant........descend à l'arrière.....
ça doit être sûrement plus compliquer........... »

« ça manque d'idée....à force de rester déconnectée avec la réalité....
elle finit par nous échapper.................pourtant c'est si simple......... »

« le train je préfère même pas en parler................................
le bus ma ecoeuré.....mais croyez-moi c'est la même merde »

« il est dans la gare....a 5h00 du soir...cette gare pourris de paris
il va voir l'uniforme, l'uniforme lui montre la machine.........
lui il veut parler...à cet homme caché derrière l'uniforme
mais lui ne veut rien savoir, il se dirige donc vers elle............
il tente encore mais rien ne marche, l'autre ne veut rien savoir
il sait pas ce que c'est que le désespoir..moi, je dirais surtout
qu'il ne voit pas qu'il a affaire à un étranger de langue..........
comment il pouvait savoir....il suffisait juste de parler...........
on nous la donnée....pourquoi s'en passée... demande à la machine
moi je dirais demande au gros vilains, qui abusent de leur bien »

« une bande de gros porcs......vivant enfermées....isolées........
à se la coulée avec leurs prostituées ya pas de quoi rigoler »

« l'eau, tu la payes.......moi qui est cru qu'elle venait du ciel »

« t'essayes donc de comprendre les données
et tu t'aperçois que rien n'est justifiées...... »

« c'est que les gros porcs adorent l'arithmétique
à tel point qu'ils en ont perdu leur symétrique »

« à force d'étre aveuglé par la vanité
on finit par ne plus se trouver........ »

« les impôts, tu te pointes a 9h30 du matin...tout est éteint »

« toi, tu as marchés dehors comme un pélerin
et tu subit la paresse de ces crétins............. »

« ils sont pas préssés, toi ta déposés un jour de rtt
pour cette bande de petit p et la lettre d............ »

« pourquoi se presser, ils savent qu'ils en ont pour la journée
pas la peine de s'énervé....vu la société pas de quoi stresser »

« essaye pas de les appellés, tu patienteras autant de temps que dans leurs allés »

« au impôt,tu sais tu y vas pour quelle heure.....mais jamais quand tu sors »

« prendre un rdv chez l'ophtalmo, un jour d'impôt................
c'est comme essayer de mettre sa cuisinière dans sa glacière »

« au impôt, ne t'organises surtout pas, apporte ta glacière et cuisinière
tu y feras un bon restau avec cette bande de nigaud..........................
et pourtant, il souffle un vent de gros porcs errants....ça doit étre sûrement le gaz »

« tu te demandes pourquoi ils prennent cette petite voix douce, qui ne semble pas naturelle
c'est pour ne pas te brusqués mon enfant, aprés-tout on n'est pas préssé..........................
ce n'est pas de notre faute, on nous a fabriqués....................on écoute, on obéit..........waf »

« toi, tu patientes, tu les voit papotés, d'un sujet qui n'a plus rien a voir avec la facture
je leur tire ma ceinture a ces gros porcs.........................ils ont vraiment fait fort.... »

« toi, tu veux envoyés un colis....
eux te demandent le montant
tu leur donnes gentiment...... »

« puis tu trouves..une fois rentrés..que c'est exagérés
normale....ils te l'ont assurés sans te l'avoués....... »

« moi, qui est cru que ça faisait partie intégrante de leur boulot....................
apparement non...ils ont faire encore un schéma a la con.......enfin a bâton...
puis selon l'estimation de ton colis...ils te la mettront bien profond ....»

« a la poste, ya plus personne.........
tu cherches et enfin tu trouves.....
ya le panneau dessus j'avais pas vu »

« à première vu, tu penses que c'est une farce
tu vois ni la téte.......................ni les bras
ils ont déposés leurs gros tas de ferrailles sur ces entrailles »

« t'essaies, t'appuies, tu cherches, tu y comprends surtout rien
et ce à juste titre, tu y va 1 fois tout les 36 du mois................ »

« t' apelles, tu cries.....enfin elle arrive
c'est que maintenant a effectif réduit
il faut faire 2 fois plus de produits...
maudit gros sale............................. »

« on a l'impression, que quand tu es a p-e
tu as travaillés au black......................... »

« il y a des caméra a p-e, demande leur pourquoi »

« quand tu va a p-e, il y a une affiche qui demande d'être
calme....polis......patient.....il y a de quoi s'emporter...... »

« il y a des annonces qui reviennent sans-arrêt.....
demande, toi, pourquoi......je parle de toi cette fois »

« quand on te propose un cdi....au bout d'une semaine...méfie-toi »

« il y a parfois de triste nouvelle.......
entre p-e et le chômeur................ »

« il y a parfois de grosse altercation entre p-e et les chômeurs.....
c'est justifié, quand tu radies quelqu'un, tu lui coupes ses vives »

« on accuse les chômeurs de profités.......
moi, j'accuse les gros-porcs de corrompre »

« le chômeur, il profite, il a raison, il a travaillé pour
en plus, en toute légalité... »

« on oublie trop souvent de nous dire que les 80% de chômeurs
on une rémunération mensuelle entre 900 et 1200 euros..........
je parle du net....................pour les gens honnêtes................. »

« quand tu prends la rémunération d'un chômeur
et tu lui enléves toutes ses factures......................
tu oses dire encore qu'il profite........................
bande de gros-porcs......................puant........... »

« et même si il a profité pendant 3 mois sa fait 3000.............
toi, en une journée tu vole 300000.......ta pas honte............
chien errant de t'attaquer au plus démunis, fragile et honnête »

« lui, pour pouvoir toucher, il doit s'actualiser....envoyer ses dossiers
toi, tu dois voler et tout cacher.......ta pas honte...gros sale puant.... »

« lui, pour être indemniser à dû travailler en décaler toute la journée................
toi, ta du magouiller et caresser...ta pas honte gros-porc, chlingant la corruption »

« la radiation, c'est juste anti-constitutionel »

« le chômeur ne doit pas être constamment à la recherche d'un emploi
il perd son temps... »

« pourquoi allez se caster le cul à travailler......transpirer
donner son dos......ses tendons....tout ça pour le smic... »

« le smic augmente en moyenne de 0,5% par an
quand au pv, électricité, gaz sans commentaire
ma balance vient de cassée............................. »

« le smic augmente comme le livret a
perd pas ton temp avec ta calculette »

« bugattaz* ....j'ai pas trouvé pire encore »

« heureusement, que p-e fait le distingo
entre les gros-porcs et les chômeurs.. »

« la culture est la base même de la Nature
le reste est une invention de l'homme.... »

« d'ailleurs sait cette poignée d'homme......................
qui sont responsables de ce foutoir alors................
ils font comme ils peuvent pour réparer l'abreuvoir »

« nous on sait qu'on est tous pareils mais de cultures différentes »

« respectons la Nature elle a mis des arbres et plantes différents
pourtant, tout le monde vit en harmonie......................... »

« ce sont les gros porcs et leurs arômes
qui ont établis le différents édit........ :

-le maghrébin est français et moi je suis sénégalais
-le chinois est antillais et le turc est canadien
-l'australien est saudien et l'arménien-colombien
-le suédois est laotien et le portugais-japonais
quand a l'indien il est parisien.......

fort les gros porcs, non... »

« pour moi, le mot guerre n'a pas de sens »

« d' ailleurs, la guerre ça n'existe pas..............c'est l'histoire de 1,2 ou 3 hommes
le reste sont formatés à coup de tv, vous pouvez la jetez, je rectifie vous devez »

« la guerre c'est une invention, manipulation »

« pétain, il a croisé hitler, lui a serrer la main comme un copain
alors qu'il aurait pu tout stopper d'une clé de poignet............
après il va nous faire sa morale de travaille, famille, patrie »

« tout le monde le sait une guerre, t'en attrape le chef et puis s'est finit....
les autres sont des subordonnés qui ont trop écoutés, c'est si compliqués »

« personne n'a voulu qu'on colonise tel pays ou telle communautés
qu'on massacre tel peuple ou telle éthnie................................
c'est juste une poignée d'homme qui ont décidés cela................. »

« ne mélangez jamais la sphère humaine de celle des gros porcs
sinon on va directement à notre mort..................................... »

━━━

« marie...ne peut-etre que la mère de jésus...............
car celui-ci est un homme, c'est tout a fait Naturel »

« le père et le saint-esprit c'est une invention de l'homme ça »

« ce sont les mêmes personnes...réunit en une seule
car si on ne connait pas le père de jésus..celui-ci
doit donc forcément venir du ciel...de la lumière
il vivait tout simplement la-haut........................... »

« je mettrai donc toujours ces 20% pour ma liberté-d'esprit
et la sécurité de l'humanité.. »

« quand aux rites hébraiques...tout cela me dépasse
je suis incapable d'écrire.................................... »

« être baptisé......ça ne devrait pas exister.............
pourquoi faire...personne à péché ni adam ni eve »

« c'est juste le diable qui les as trompés..........
en se transformant en serpent......................
d'ailleurs, même le serpent n'y est pour rien »

« étre baptiser........moi ça me fait marrer.............
baptiser des bébés c'est comme les conditionnés
ça ne devrait pas existés.................................... »

« on doit naître libre totalement libre
et c'est seulement à la maturité..........
qu'on doit trancher entre : l'islam.....
le christianisme, l'hindouisme........
le judaisme...........................ou le rien »

« le problème de ce pays, c'est qu'on arrive pas à distinguer la culture de la religion ....
ça c'est pour l'islam...et pourtant la solution est toute simple, il suffit de pratiquer à 80%
toujours, toujours, toujours pour ta liberté d'esprit, mais surtout et avant-tout................
pour l'humanité et ta mère Patrie : la Terre oublie le jamais beau maghrébin................. »

« et comme tu es arrogant et très têtu, je vais devoir exercer mes vertus........
j'aurai bien voulu évité mais je suis borné, c'est pour cela qu'on se ressemble »

« je préfère mille fois un maghrébin manger du cochon..........................
et respecter sa culture.............son peuple................son pays...................
qu'un soi-disant maghrébin-musulman qui se cache dérrière des palettes
fumant sa clope en plein mois de ramadan............................... »

« dit la vérité et voit la réalité l'islam tu le lis, tu prends peur
ta l'impression que c'est l'oeuvre du diable ....»

« d'ailleurs, il a déjà envoyer ses fidèles vétus de noir
celle qu'on appelle son armée de l'ombre................. »

« le coran personne la lu, tout le monde le pratique
et vous a 100% avec en plus la conception..........
homme au boulot......femme à la maison............. »

« le turc, il travaille dans un kebab au moins.....................
donc plus ouvert d'esprit...malheureusement j'ai pas fini »

« ta déjà vu, toi une maghrébinne manger du cochon
avec un français......si ils sont en couple, moi jamais »

« mais combien de fois, j'ai vu un français arréter de manger du porc
pour une maghrébinne ....il a même changer de prénom
pourtant sa carte d'identité lui dit que non !........................ »

« si le français arréte de manger du cochon........
et en plus change de prénom..on le comprend
on est surtout trop con................................... »

« la maghrébinne si elle mange du porc.............
sa famille l'insulte de tout les noms................
pourtant elle a un travail, aide les gens............
respecte sa culture....élève bien son enfant......
elle a juste fait un choix qui lui semble cohérent
celui des 20%...............ou 80% enfin comme tu le sens »

« le coran faut le lire, l'étudier et faire un choix délibéré................
personne dois te forcer, ni ta famille, ni tes amis, ni ton entourage
tu nés libre............................oublie le jamais............................ »

« quel gâchis dans ce pays de voir ces belles maghrébinnes et ces beaux français
ne pas s'accoupler à cause de cette religion...en faite il s'aime énormément....
le blanc à toujours adoré la métisse et vice-versa.. »

« quand une belle petite française est avec un beau maghrébin...........
biensûr elle ne mange pas de cochon..
en plus, elle est accueillit comme la dulcinée , décorée de tout coté »

« le maghrébin, il fait du mal à ce pays............
en tout cas beaucoup plus que pierre............
ça j'en suis sûr, pourtant je ne suis pas raciste
bande d'arôme pourris........juste réaliste......... »

« d'ailleurs, je tiens à rappeller que personne n'est raciste
on est juste réaliste des fois elle fait mal.....................
mais on ne vit pas dans le monde des bizounours........
ça c'est le monde des gros-porcs gâtés-pourris............ »

« un paris en ligne.........te demande....... qui sait qui va pour le plaisir agresser le passant
momo ou guigui ??........croyez-moi la côte de guigui sera très faible et ce à juste titre......
on connait la vérité, on vit dans la réalité, ce qui ne veut pas dire que guigui est infaillible »

« vous savez je dis tout cela........mais ils le savent eux-mêmes...............
ça fait juste du bien de dire tout haut ce que les gens pensent tout bas...
et croyez-moi, je m'en donne à cœur joie........................... »

« raciste, raciste on emploi ce terme à tout va...........................
sans en connaître la signification alors je rappelle la définition
le raciste il te serre pas la main si tu lui la tends........................
le raciste, il hésite pas a changé de trottoir si tu es dans sa direction
le raciste, il te frappe gratuitement, veut-te tués jusqu'au sang..........
vous en avez vu beaucoup, vous ....des racistes »

« soit pas étonné si le maghrébin se fait plus contrôler
c'est tout a fait normale, il a beaucoup plus de chance
d'avoir causé le trouble à l'ordre publique.................
sa fait pas pour autant de lui, un coupable idéal....... »

« tu tes jamais demandés pourquoi les policiers, pompiers, juges.....
votent bien à droite car ils voient défilés tout les jours la réalitée.......
et on sait très bien que la balance penche excessivement................
du coté des beurrés, ça ne veut pas dire qu'ils faut tous les mélangés »

« le maghrébin, il est fier, a oui crois-moi, il est fier
ya pas de quoi, on aime les gens humbles............ »

« le maghrébin aime prier dans les rues, moi qui est cru que la religion.....................
était quelque chose de secret et pudique, c'est parce que je me rappelle de ce verset
« et toi quand tu voudras prier, entre dans ta chambre et ayant fermé la porte prie ton père
qui est présent dans le secret et ton père qui voit dans le secret, te le rendra................ »
mais ça c'est un verset pas une sourate.....pourtant la sourate ne le contredit pas.......... »

« les arômes des gros-porcs nous traite de raciste
on fait un constat le plus lucide possible.........
c'est comme cela, qu'on fait avancer les choses »

« le maghrébin en veut à la france..........il la colonisé...........
et pourtant, c'est une poignée d'homme qui ont décidés cela
on a tendance à mélangés les gros-porcs...............du peuple
comme on mélange les maghrébins, une vrai salade de pain
pourtant ce sont 4 mondes bien différents........................... »

« le maghrébin se sent insulter, il nous traite de raciste
j'en oublie que les 3/4 du temps, j'entends plus guaron
que bougnoule, c'est normal, l'un fait partie d'antan
l'autre prends son temps.. »

« le maghrébin, il a besoin de se faire remarquer, de jurer
ça n'a rien de compatible avec l'islam tout cela............
c'est impossible...triste réalité... »

« le maghrébin, il n'a plus rien a voir avec ses anciens.....
mais plus rien, plus rien, plus rien, problème d'éducation »

« le turc il y en a énormément en allemagne
pourtant ya aucun problème avec eux.......
tu peux demandés a un allemand............. »

« les maghrébins sont minoritaire en hollande pourtant on parle que d'eux....................
autant en belgique......................................là c'est bagdad sans hésitation...................
pourtant le nombre ne pose pas de problème, c'est juste le comportement qui dérange »

« le maghrébin dit wallah à toutes les sauces.......................
c'en est devenu monnaie courante, en voici quelque exemples :
« jai mal à la tête wallah » ; « j'ai oublié mon paquet de clope
wallah......non dit wallah ?... wallah je l'ai laissé dans la voiture »

« méme les gamins de 7 ans le font....................
je te parles pas de la mecque............................
c'est plus sacré............... et autant utilisé............
donc laissons le enfin là......oui de ce coté....svp »

« le maghrébin dit qu'il ne boit pas, ne fume pas
c'est pêché................je te laisse constaté......... »

« le maghrébin, tu le voit beaucoup au ladieedalas*.....................
aaaaah sacré filou !.......... Si tes parents savaient sa passeraient
tu leurs expliquerais l'histoire des 20% ou 80%......................
mais l'imam, un conseil prends ta liberté............................. »

« le maghrébin parle fort, il aime se faire remarquer
mais quand il entre dans une mosquée, ta l'impression
qu'il n'a jamais existé.....encore une histoire de pied... »

« le maghrébin il a le sang chaud mais sa reste juste du sang
d'ailleurs il devrait arrêter de couler depuis le temps............ »

« la maghrébinne devrait pouvoir choisir ses vêtements..................
et arrêter de nous faire peur avec cette couleur noir lucifer..........
c'est la couleur de l'enterrement ça, celle de l'obscurité, du sombre
du démon, de l'armée de l'ombre quoi... »

« optez pour du jaune, bleu, orange, vert, violet.................
c'est pas ce qui manque au moins pour la Terre................
vous étes pourtant si belle, ça me fais presque de la peine »

« la maghrébinne, elle est belle quand elle n'a pas de glucide..........
le probléme, c'est que comme il son très généreux.... leur gâteaux
en raffolent, un conseil les filles, truquer les glucides pour les lipides »

« la maghrébinne, elle est vraiment horrible..............
quand ça devient une racaille...et malheureusement
c'est pas de ce qu'on manque..................... »

« la maghrébinne, elle est magnifique.................
elle a un jolie teint, une vrai antillaise d'afrique
mais il ya la religion...vous aussi prenez-la à 80% »

« le maghrébin, il brûle tes poubelles, squatte ton allée
un petit coup de crachat..... et puis s'en va .... »

« le maghrébin en faite il m'amuse, rien ne colle
c'est une sorte de puzzle à l'eau et au tilleule... »

« le maghrébin, c'est mon copain........... après-tout, s'est pas de sa faute, on s'instruit plus
à cause de ses musiques pourris, ses films gangsto-italiano, ses facebooks, snapchat..... »

« le maghrébin est plein de bravoure, c'est due a sa fierté
mais pour une fois sa en fait sa plus grande qualité....... »

« leurs gâteaux sont délicieux, tout comme leurs nourriture
généreuse et délicieuse..................................... »

« en faite, je suis sûre que si le maghrébin s'enlève de sa tête
femme à la maison....homme au travail, on en aurait plein..
dans nos boulangeries, fromageries, chocolateries, pâtisseries
il y découvriraient un monde merveilleux, seraient heureux
et davantage curieux.....au fond il est bourré de talent..........
mais tout est lent dans la compréhension de sa religion et
conceptualisation......à un point que s'en est devenu........
sa béquille, sa canne, son handicap...maintenant, tu connais
la solution mon chère et tendre maghrébin........................ »

« en faite ya pas de souci avec eux, c'est juste leur manque d'ouverture
vis a vis de cette religion, qui en fait une contagion........................... »

« il pourraient vivre heureux et pleinement
en mettant les 20% à contribution...........
pour eux et l'humanité............................ »

« le jour où il arrêtera les stéréotypes
croyez-moi, ça sera un grand type »

« le maghrébin c'est mon copain et ça le restera
d'ailleurs, je fais partis un peu des siens......... »

« en faite, toutes les religions du monde, peuvent être pratiquées sans exception............
l'islam, elle est la bienvenue, si elle respecte la conditon, je lui demande donc pardon »

« le mariage c'est un engagement
le reste c'est du vent................ »

« ils ont transformés nos mariages en strass.... paillette.... bn*...... et costard
tout cela pour divorcés au bout d'une année......ya pas de quoi fanfaronner »

« il aime se faire remarquer dans les mariages.........
a klaxonné a tout bout de rue..tout ça pour être vu »

« quand il ya un mariage...tu as l'impression que le code de la route a changé
tu me diras qu'il a été inventé................................ya pas de quoi plaisanté »

« on invite tout et n'importe qui au mariage
même le traiteur en fait partie................ »

« le mariage est devenu une histoire de nombre
pourtant la quantité.....ne fait pas la qualité ... »

« mettre 5000, 10000, 30000
est devenu presque normale »

« le mariage est devenu une question d'argent........................
pourtant Dame Nature nous rappelle que l'engagement ne s'achète pas »

« faire ronfler les pneus........hurler........sortir les drapeaux.....klaxonner......
tout cela pour paraître beau et se faire remarquer....me semble un peu osé »

« puis une fois le retour à la réalité arriver...............................
il entre dans leur lieux sacré comme si il n'avait jamais existé »

« j'en avais oublié que le mariage n'est pas sacré
c'est juste un engagement pour l'éternité.......... »

« le juif, il est comme le chinois
en terme de sociabilité......... »

« le juif, tu l'accuses de t'avoir tout volé
il a juste étudié où est le mal.............. »

« c'est toi qui tes farcies les 25 ans d'études
isoler, à ecouter et gratter du papier........ »

« le juif est très intelligent.........
aussi intelligent que le chinois »

« il a ses traditons, sa culture, ses coutumes
et un petit goût prononcé pour l'argent......
à part cela, rien de bien méchant .... »

« jamais tu verras un juif, t'insulter, te frapper, cracher dans ton allée....
il est très respectueux, c'est qu'on l'élève encore de manière bien carré
un peu trop d'ailleurs... »

« le probléme de fond....c'est cette histoire d'argent qui le lie à toutes ses études.........
et ce cerveau formaté, lobotomisé durant ces 25 années, je vais devoir donc t'épaulés »

« pour lui, il n y a pas 50 solutions................
tu as de l'argent tu vie..t'en as pas tu crèves »

« ça pourrait paraître simple mais malheureusement ça ne l'est pas
car il y a argent et Argent...lui voit seulement en grand.............. »

« c'est que les études ont bien servis.........................
ce sont les gros porcs qui en ont écrit les manuscrits »

« donc je t'explique l'école de la vie
tu peux vivre bien mieux et heureux
avec peu... qu'avec beaucoup......... »

« demande aux paysan et aux gens du voyage................
et n'oublie surtout pas le manuscrit de l'école de la vie
je l'ai écrit sous le nom de « avarice » .... »

« bon courage à toi..mon chère et tendre juif »

« l'africain, tu te demandes pourquoi il adore : les bijoux bien gros, bien brillant, bien flagrant
les lunettes qui prennent la moitié de la tête ....il faut qu'il soit vu...................................
et ce à juste titre, il faut rappeler sa triste histoire... »

« il a labouré la terre dans la misère, à force de sueur et de coup de pierre »

« il a labouré, on la méprisé, mal-traité......fallait bien se venger.... »

« il disait rien, jusqu'à ce qu'un des siens, en eu marre de voir tout ce desespoir »

« il a prit les devants et lancer la révolte, le blanc qui se sentait trop fier, ne s'y attendait pas du tout,
il était trop occuper à faire jou-jou avec la sueur des leurs.... »

« tout le monde s'est rebellés, tout s'est embrasés et ils ont enfin, retrouver leurs libertés
comme quoi la Nature a bien fait les choses.. »

« d'ailleur, on a remarqué que dans ces pauvres tarés, ils etaient seulement deux ou trois a gouvernés
les autres étaient seulement formatés.... et lobotomisés.......comme quoi, il faut pas tout mélanger »

« depuis le noir, roule en porche...... frime.........se fait remarquer
coule des jours heureux, fier de montrer que tout est possible.. »

« le noir devrait déjà être à la retraite et ce depuis longtemps mais l'or là dominés
alors ils se sont tous éparpillés......commence même à s'embrouiller......
pourtant ils etaientt tous soudés dans les champs de coton......... »

« si le noir est fort, c'est normal, ta pas vu tout le boulot qui s'est tapés
s'en est devenu génétique................. et ce à juste titre............ »

« triste histoire celle du noir........ problème d'avarice...........
allez consultez le remède, mes tendres et chers amis noirs »

« l'argentin, il est fier et ce à juste titre............les gênes sont magnifiques
il est fort.......................... beau................... et costaud........................ »

« on reconnaît une bonne bête à ses dents.....quand tu vois celle de l'argentin.....tu comprends
quel dentition !!! tout est grand..................gros...................et bien soudés......................
toi, paysan on ta mis les plus belles vaches................... mais des petites-dents................... »

« l'argentin, c'est un bel étalon et quel étalon !!! »

« l'argentin, il est généreux......comme sa viande et nourriture......... en plus tout y est délicieux...... »

« l'argentin, il adore son pays ..... sa culture......son patrimoine..........il en est fou amoureux
et ce à juste titre..... il suffit d'allez faire un tour en argentine........................... »

« l'argentin, il à un gros cœur, des valeurs fortes et solides
ta de quoi être fier si ton compagnon est argentin........... »

« l'argentin, il n'a peur de rien, c'est des couilles de taureaux qui la
il te defendrait contre vent et marée quitte à sacrifier sa vie......... »

« l'argentin, c'est un peu le taureau d'une corrida.....il ne s'arrête jamais
ne renonce jamais............il va jusqu'au bout.......encore et encore......
il est comme ça, c'est dans ses gênes et tu peux rien n' y faire............ »

« les valeurs de l'argentin sont tellement fortes que t'en deviens submerger par l'émotion...... »

« l'argentin, quand il pleure, il fais pas semblant........c'est pas des larmes, c'est des flocons......
ta déjà vu................. toi................... un argentin pleuré .... »

« l'argentin, quand il pleure, il fait monté les océans et les mers
et on est tous submergés par ce spectacle................. »

« les larmes de l'argentin sont d'une telle puretée, qu'on n'a pas su trouver comment les expliquées »

« l'argentin ne sait pas simuler, il est spontané, c'est dans ses gênes naturels...... »

« l'argentin, c'est la foi.......... la foi dans la puretée......................
c'est l'amour, l'amour avec un grand A......pas celui en majuscule »

« l'argentin, c'est le feu, pas le feu de ton bois.....le feu bien rouge, bien hardant
bien brûlant....................INCONSUMABLE, bref, le feu argentin........ quoi »

« l'argentin, c'est la passion dans l'amour, c'est la brûlure de ton cœur.......
c'est la montagne de générositée.......tout est dans l'excés, dans l'argentin.... »

« l'argentin, c'est la rencontre de deux ingrédients en parfaites osmoses.....................
ils ont tellement bien fusionnées, qu'il n'y a pas assez de mot pour décrire l'argentin
un cœur d'une pureté et d'amour à t'en faire perdre la raison et sa compréhension »

« l'argentin, c'est le plus beau des croisements qu'on n'est jamais vu.................................
on a jamais découvert une alchimie aussi pure......................... et résistante......
et tout les ingrédients sont naturels......comme quoi la Nature a bien fait les choses......... »

===

« le chinois, il est très sociable enfin surtout entre-eux »

« il adore ce mélangé....enfin....surtout entre bridés...... »

« le chinois, il ne paye pas de mine, il est fin et tout est petit
méfies-toi.......ta déjà vu le film avec bruce-lee............. »

« le chinois, c'est le riz et sushi....où est le problème...ça lui suffit »

« le chinois, il n'est pas exigent mais redoutablement intelligent »

« le chinois, il ne fait aucun régime, tu te demandes comment il fait
toi, tu es gros..................... et pas beau............................ »

« le chinois, il est beau il est svelte, qu'on me dise pas que c'est génétique
toi, tu es gros..................... et en plus tu fanfaronnes............................. »

« le chinois adore la technologie, il prend des photos à tire-larigaud
pour lui......chez nous.....................tout est beau........................... »

« le chinois, il voyage prudemment, il est réglé comme une horloge
tu te demandes si c'est pas lui qui a inventé le temps....................... »

« le chinois adore l'européen......tout est si different.....tu m'étonnes !..... »

« le chinois c'est une machine de guerre, tu l'as déjà-vu, toi, à l'usine.... »

« le chinois parle plus vite.......qu'il produit.................
il detient le record à fait peter tout les compteurs...... »

« le chinois, il fume pas, il sait ce que c'est..... il y'a des dessins....... et c'est écrit en gros
seul un debile peut avoir une cigarette à la bouche c'est pas de ce qu'on manque............ »

« le chinois, c'est médecine douce et tradionnel, tout à l'ancienne »

« le chinois, il est calme........... et posé...........
il arrive, et devient tout stressé, le pauvre....... »

« le chinois est très vite mature, toi la graine, elle a pas encore germée
pourtant tu es arrivé à l'âge de la puberté.......................... »

« le chinois, il me fascine....je le comprends pas
mais lui non plus.. »

« le chinois, tu le laisse tout seul, il se debrouille
il se met en mode échiquier............................... »

« le chinois, c'est la concentration avant-tout, la spiritualité, la méditation
pendant que toi, c'est cigarette.........café.................... et cachetons......... »

« le chinois, il est très éduqué......... civilisé........il jette tout à la poubelle
pourtant, c'est pas chez lui....toi, tu jettes tout parterres et c'est chez toi »

« le chinois, il est très peu malade, tu te demandes comment il fait
la chaire est bien sur les os......oui mais en parfaite symbiose......
toi on ta diagnostiqué : diabète... cholestérol.... et hypertension.... »

« le corse, il aime sa Terre, il suffit juste de la voir en photo pour comprendre »

« le corse, il a le sang chaud-bouillant mais sa reste juste du sang »

« le corse, c'est un fou amoureux de sa Terre et ce à juste titre
tant de richesse.................... sur une si petite île..................
oui mais pas n'importe laquelle..........l'ile corse.................. »

« le corse n'aime pas le touriste car il ne respecte rien : il jette ses mégots
ses bières.... bouteilles en plastiques..... serviettes..... et j'en passe.......... »

« le corse, c'est un méfiant sans limite, pourtant il aimerait tellement te faire découvrir sa Terre »

« en plus le touriste qui vient en corse, est généralement le citadin arrogant
tout ce que le corse déteste.. »

« le corse il a le sang chaud.......... il est juste un homme.......
comme toi comme moi avec une étoile en plus dans l'oeil »

« le corse, on l'accuse de ne pas aimé l'étrangé..................
c'est qu'il vit dans la réalité et il en a bien les pieds-ancrés »

« le corse, c'est un pirate, biensûr, il serait prêt à défendre contre vent et marée sa Terre »

« le corse connait tout de sa Terre........ les moindres recoins............................
il l'a visité de fond en comble, c'est comme cela qu'il en est devenu amoureux »

« le corse gagne peu, qu'est ce qu'il s'en fou, la Terre lui donne tout ce qu'il a besoin »

« le corse ne voyage pas........ pour allez où ....
il a tout ce qu'il lui faut là où il est : plage, montagne, soleil, bétail et forêt »

« le corse ne parle pas, pourquoi dire........il préfère contempler »

« le corse on ne comprends pas ce dévouement pour sa Terre, normale tu es pas nés dessus »

« le corse si il est ton ami, tu peux considerer que c'est pour la vie »

« le corse pourrait passer des heures à regarder sa Terre et ce tout les jours..................
il ne s'en lasserai jamais............................ d'ailleurs il est temps de rentrer...............
il ne s'en est pas rendu compte mais Dame Nature à fermer le rideau........... sacré corse »

« le français d'antan, ce n'est plus ce que c'était
normale, c'était avant...................................... »

« costaud, un peu gros...mais toujours ce qu'il faut....... »

« d' antan, il avait la patience grâce à la pêche......
il avait la lucidité grâce à la chasse ....
la connaissance, grâce au contact de la Nature »

« d'antan il adorait péché.....chassé .... et échangé........
malheureusement, ce monde là est bien gommés............. »

« d' antan, il pouvait faire l'amour 6 fois par jour.......................
un vrai gourmand dans l'amour, rien a voir avec maintenant »

« d'antan il aimait la chaire et la bonne chair
les lipides quoi........................... »

« d'antan, il était sincère, il avait une étoile dans les yeux, même plein les yeux
les gros porcs ont trouvés la combinaison, pour la lui retirés et la transformés »

« d'antan, il pétait.......... rotait............c'etait naturel donc il le faisait.....
ça lui permettait de tout dégager................ de se vider........................
apparemment, c'est bon pour la santé et il avait encore cette lucidité »

« d'antan, il ne se prenait pas la tête, d'ailleurs, il prenait très peu de douche
à quoi bon...... aparemment c'est pas bon et il avait encore raison .... »

« d'antan, il était très ingenieur, normale, il était libre-penseur »

« d'antan, il parlait cru, dru, c'était son naturel, sa spontaneité tout simplement »

« d'antan, il était pas très éduqué.....et alors....il avait un grand cœur..... »

« d'antan, il etait passionné....... il partageait.......... donnait beaucoup......
les gros porcs ont tout coupés et l'on envoyé directement à l'abattoir...... »

« d 'antan, il était très généreux..........extrêmement généreux.....................
tout ce que deteste les gros porcs, ils ont donc pas hésités et l'on fusillé »

« d'antan, il aimait les femmes à la bonne chaire............................
rien à voir avec les miss de genevieille*..........pauvre vieille artificielle »

« d' antan, il mangait énormément de fromage, saucisson et jambon
et ne s'emportait pas plus mal.........bien au contraire...................
tout les acides aminés étaient présents, reunit et naturels............ »

« d'antan, il tombait amoureux............nous dans l'affreux »

« d'antan, il écoutait les paroles, les vrais et bonnes paroles......
rien à voir avec aujourd'hui de toute façon, on en a plus besoin »

« d'antan, il pétait pas plus haut que son cul..... il pétait tout simplement et naturellement »

« le français de maintenant, il est fou des télé-réalités, c'est vrai que cela t'instruiras à :
pêcher, chasser, semer, danser, nager, jouer, partager, cuisiner................... »

« il mache son chewing-gum avec une delicatesse à en faire fondre les chocolatiers
crois-moi......................pas dans le sens que tu penses........................... »

« il fait plus la cuisine par amour, d'ailleurs il ne la connait pas
meetfric, adoptic et compagni l'on envahit............................ »

« chocolatier, boulanger, confiseur, meunier, poisonnier, charcutier
c'est pas ce qui manque......oui mais il faut qu'il y est un interêt.....
on parle malheureusement, pas du même, tu le vois bien coin-coin »

« il boit comme un torchon........malheureusement, c'est parce qu'il est con........
enfin.......surtout coincé......il osera pas te le dire......trop fier pour cela........... »

« il va meme plus au cimetière, d'ailleurs, ile sont tous deserts quand tu passes à cotés »

« il achète sans rien connaître, il préfère se cultiver sur gta et fifa
tu as raison cela t'apprendras....................................... »

« prétentieux à en faire suffoquer son argent...............
pourtant, il en a pas, les gros porcs ont tout dérobés
il est juste aveuglé par son impertinance et arrogance »

« il conduit à toute allure, musique à fond la caisse........oui-oui voiture coin-coin............
c'est juste pour frimé, pourtant, on est bien tous arrivés, on est belle et bien là , sur Terre »

« cigarette, lunette et cachette, l'on dominé..
les gros porcs, ce sont vraiment bien organisés...........bande de malfrat, puant et repugnant »

« il se la pète avec ses airmaks........ya pas de quoi fanfaronner...........
si tu savais comment elles etaient fait, crois-moi, tu la remballerais »

« il adore la chanson, surtout elle bien forte, ou on y entends, mais n'y comprends surtout rien
pourtant il est fier de la partagé.........les rues de la ville en sont inondées............. »

« il a perdu beaucoup de ses valeurs........rien a voir avec ses aieux d'antan...
eux......adoraient leurs bêtes.....................nous on aime le net...................... »

« on trouve le français stréssés...mal-éduqués et arrogant ça c'est le français de maintenant
il en reste un peu de l'époque d'antan..si tu veux........... »

« fout juste le camp de cette capitale et vient admirer nos beaux paysages
le paysan sera heureux de t'accueillir avec son beau bétail......................
tant deviendra tout emousillée................de voir tant de générositée......... »

« et pourtant, il gagne pas un franc....il perd même de l'argent....
comme quoi la générositée...............n'a pas besoin d'être payer »

===

« en italie tout se termine par un i...........ça à l'air simple et pourtant....... »

« le problème sait qu'on ne parle pas du meme air......et oui l'air italien seul lui le détient »

« pourtant tu etais persuadés, que pour le prononcer, il n'y a rien de compliquer
seulement c'est le i.............talien............. comprends bien............................... »

« cette voix te glace les entrailles, de quoi réveiller un funeraille, elle explose comme un ouragan
de quoi te glacer le sang........... tourbillonne comme un volcan..... de quoi renverser les champs.....
tremble comme un seisme sismiiiiiiii comme tout ces iiiiiii la haut, de quoi renverse MERCALLI
elle fait tomber ta television........ et ton addiction................ à en perdre la raison et son explication
c'est parce que tout ne s'explique pas, mon enfant, dans l'histoire du chant................. »

« l'italien, il parle avec les mains, tu m'etonnes vu la monture...
pas besoin de te faire une peinture........................... ni sculpture...
d'ailleurs, il excelle dans cet art.................. et ce à juste titre..
da vinci, simoni, bocelli, et pavarotti viennent tous de là-haut...........regarde tu comprendras »

« l'italien, c'est la pizza, normale c'est tout un art, quiconque connait mieux que lui
comment: façonner............modeler.......... et peindre la pizza..........sûrement pas toi »

« d'ailleurs la barbe a suivi ces pas.............pas celle a papa........la sienne
toujours bien rasés.....bien habillés... tout doit etre parfait chez l'italien »

« l'italien aime les belles femmes, pas n'importe lesquelles....
les BELLES FEMMES........... à sa vision...... sa perfection »

« l'exigence de son art l'emmene toujours au sommet, donc il vole, survole, pour chercher la perle
rare.........il en oubli que da vinci, simoni, bocelli et pavarotti sont avant tout des hommes.... »

« il regarde enfin ses pieds.......et retourne à la réalité..........on t'en veut pas l'italien
les gros porcs ton mis des ailes.........mais Dame Nature te rappelle que les ailes
sont destinés aux oiseaux......... toi mon beau italien..... tu vis dans l'eau............ »

« toi paysan, tu t'en fous et ce à juste titre, ta les pieds bien ancrés sur Terre, Dame Nature n'a pas
besoin de te le rappeler, elle sait que tu touches bien le parterre..........et cela lui plait...............
elle demande que ça d'ailleurs........elle est coquine.............nous on adore................. »

===

« la latina, moi j'ai jamais vu quelqu'un me dire, j'aime pas les latines
et ce à juste titre, elle te fait suer........ et tu la pas encore touchés...... »

« tout est bien proportionner chez la latina, surtout au niveau des fessiers et des hanches
partie préférés de l'homme...tu m'etonnes...... »

« la latina, elle a les fesses généreuses, c'est pour mieux te combler mon enfant..... »

« tu te demandes si elle est née avec ou si elle les as forgées.....moi, je dirai un peu des deux... »

« la latina, elle est souriante, sulfurante comme les bulles d'un champagne..... »

« rien que quand la latina sourit....elle te donne la chaire de poule.....imagine le reste..... »

« la latina accroche toi au lit, rien n'avoir avec une française et pourtant elle est latine
c'est parce-que............................ ce sont seulement des traces................................. »

« avec la latina, ta interet a faire une préparation physique..................
je te conseil minimum 6 mois sinon risque de crise cardiaque !........ »

« faut que les lattes du lit soit solide avec la latina.........
rien avoir avec une bouée de sauvetage à la française
heureusement, elles ne le sont pas toutes.................. »

« la latina c'est une partie de rodéo dans le lit, toi qui pensait que les racines étaient les mêmes
tu comprends maintenant..et j'ai pas fini... »

« la latina, quand elle se donne au lit avec toi, elle se donne à 300 pour cent...
elle ta épuisée............tuée............pourtant elle en redemande......HALLUCINANT »

« la latina, c'est pas un film interdit au moins de 18 ans
comme en france....minimum 25 ans !.......................... »

« c'est que la latina est décomplexée............totalement décomplexée......
donc elle est ouverte à toute les propositions ......même les plus folles »

« la latina, elle connait pas la timidité, ta vue sa beauté !...... »

« la latina adore les couleurs flshantes : rouge, jaune, vert, bleu, orange.......
celles qui se voient bien, comme si on l'avait deja pas assez remarquée........ »

« tu peux voir qu'elle est latine, rien qu'à son derrière.... »

« si tu as le malheur de croiser une latina sur le passage piéton............
fait gaffe à l'accident.....pour une fois il sera justifié....vue la beauté »

« la latina, c'est la plus belle femme du monde..........................
et pour une fois, tout le monde sera unanime a 100 pour cent
sinon, c'est que tu mens.. »

« la latina, elle te fais perdre la tête....apprends à te contrôler
fais une thérapie....................en plus de ta préparation .... »

« la latina, elle a le sang chaud.....tu te demandes si il n'est pas plus chaud que le tiens
pourtant, toi, tu es un homme... »

« la latina, c'est la ferrari, pas n'importe laquelle, la traditionelle...
rouge vif, rouge feu, rouge passion, rouge hardant comme elle »

« la latina, elle est encore plus chaude qu'un barbecue.......
ta même pas besoin de l'allumer, tout est déjà installé.... »

« la latina, elle adore dansée, fais gaffe de ne pas finir épuisée
sinon tu risques de ne pas pouvoir la dégustée................... »

« la latina, elle danse, danse ,danse encore.............
elle danse comme elle fait l'amour alors imagine »

« ressource inépuisable, un vrai régale, même le temps as du mal à l'affecté
c'est qu'il a le tourbillon, lui aussi, avec toute cette danse........................ »

« la latina elle te fais saliver et tu le remarque même pas »

« la latina c'est une onde d'énergie positives........
tout les électrons y sont bons et bien installés.... »

« dans ta demeure avec la latina, tu es bien, tu sens la bonne atmosphère, la bonne énergie
c'est qu'elle en est pourvue des pieds............................. jusqu'à la tête........................... »

« la latina, c'est l'osmose parfaite......... »

« tu t'es jamais demandés pourquoi la Terre tourne dans tout les sens
c'est que la latina, lui a fait perdre la boule.. »

« la latina, on vient la chercher de tout part de tout coté.....on veut tous la ramenées »

« les chocolatiers, confiseurs, on tous fermés à cause de la latina.................................
tellement convoitées......même les saudiens en raffolent, eux, qui sont bien gourmands »

« la latina, elle mange sûrement des lipides....................................
nous on a les maghrebines, mais le derrière est totalement différent
c'est pas possible !....un conseil les filles........arretez les glucides..... »

« la latina, elle prends soin de son corps comme de son homme »

« la latina elle aime le sport, et le pratique naturellement..........
c'est dans ces gênes, de toute façon, petite elle fait que danser
elle a donc déjà été iniciées..................................... »

« la latina, quand elle te fais les yeux doux.......tu arrives plus à te contrôler ....
impossible tu te sens genés.........elle le voit........ et en plus te fait un clin d'oeil !
à en faire tomber ton pantalon !!.......... et il tombe !!!!!!!!!............................... »

« après-tu, te demandes, pourquoi, elle obtient tout ce qu'elle veut.............
maintenant tu seras... »

« la latina, elle est hors-catégorie, essaye pas de la classer, tu peux pas.....
même les gros porcs n'ont pas réussi... ....alors c'est pas toi qui va le faire »

« le roumain, c'est le mini-cochon des gros porcs......
et croyez-moi il l'on bien domestiqués................... »

« généralement..... c'est : plus c'est illégale, pervertis, pourris plus c'est roumain
c'est que les gros porcs on mis le paquet sur eux... »

« pétition à volonté....car bébé retrouver déchirer à coup de papier, sourds, handicapés, déficient
on pourrait presque en faire une marmelade gratuite..... tellement que tout est chimique......... »

« il excèle, dans l'art de voler, camoufler......... simuler........... feinter............
tu te demandes si les gros porcs, en on pas implantés des mosquées....là-bas »

« je t'ai prévenu, les gros porcs ont mis le paquet dans les arômes de la confiture
au fond ces enfants, qui volent et qui mentent...son juste manipulés par leurs curé
pauvre d'eux.. »

===

« le turc, il pratique est travailleur et discret....bref tout est parfait enfin....presque
quand il te parle de son pays, ta l'impression qu'il tourne autour de la Terre.........
à part cela il n'y a rien a redire... »

« le turc, il est fier........................... son pays c'est sacré...................
pourtant ce n'est qu'une forme géographique... parmi tant d'autres............. »

« le turc, il est généralement dans le batiment ou le kebab, il est travailleur, costaud et fort »

« le turc, il en a dans le pantalon.......donc fais attention.......le problème est qu'il est arrogant... »

« le turc, il a sa langue.....................sa culture................. son patrimoine...........................
d'ailleurs, il devrait peut être depasser les frontières de la turquie, pour s'ouvrir un peu plus »

« à chaque foi que tu parles avec un turc, il va qu'en turquie..
ta l'impression que sa vie c'est maison, kebab ou bâtiment, france ou turquie selon la saison »

« en faite turc et maghrebin sont d'accord sur une chose.......
leurs pays est le meilleur....en economie, ressources, armée »

« les chinois sont bien plus nombreux que les deux et bien moins prétentieux
d'ailleurs, ils ne le sont pas, mes chèrs, beaux et tendres chinois................. »

===

« les gens du voyage..........ben oui....... ils voyagent......eux au moins........ils se prennent pas la tête
eux au moins .... à quoi bon....... pour eux une guitare et un feu et ils sont les plus heureux........ »

« les gens du voyages.......on en a peur.......
on les connait surtout pas...................... »

« leurs carvanes, c'est juste un abri de la pluie et du froid »

« il vive regrouper en communauté, toi, tu aimerais bien les connaitres au fond
ces gens si mysterieux...........enfin......... pour toi.......seulement pour toi.......... »

« tu en as peurs.....tu paniques................normal.....on te dit qu'il mange du hérisson........t'en oublis
que tu mange de la vache à cheval et du cochon au mouton............y a pas de quoi fanfaronner »

« les gens du voyage, c'est ta radio de dehors........la plus belle............car la plus Naturelle
quoi de mieux qu'un instrument à bois.........................qui dégage de l'air..................... »

« les gens du voyage, t'en as peurs.......eux aussi.........pourtant, il n'y a pas de différence.......
dans ta caravane ou maison, on a les mêmes combinaisons : biberons, fourchettes et torchons »

« les gens du voyages sont bien plus heureux..............
dans leur carvane.....que ton t quatre domotique... »

« les gens du voyage, il devraient être ambassadeur de la france...............................
nous partagés leurs coutumes..................... culture...................traditions...............
après-tout, il y'a presque plus d'avenir dans les fêtes foraines.......................................
normale, on reste tous enfermés, scotchés à notre tv, comment veux-tu partagés.....jette- la-donc »

« l'argent est bien répartit..il suffit de voir ce qu'il y a dans les poches des gros porcs »

« pour les gros porcs...l'argent n'a pas d'odeur...tu m'étonnes »

« n'essaye surtout pas de piquer l'argent à un gros porc
sinon toute l'armée est sur ton dos : fbia, cia, area..... »

« l'argent sa n'essuye pas les larmes..et pourtant c'est du papier »

« l'argent on le laisse dormir, on se dit peut être que sa va germer »

« l'argent laisse-le bien de coté..le jour ou tu seras mort..t'en aura bien besoin »

« l'argent contribue au bonheur..................
pourtant il yen a qui en on peu...............
et crois-moi qu'ils sont bien plus heureux »

« l'argent soigne...encore une invention de la médecine »

« même les animaux n'en veulent pas de ton argent »

« le fruit il a des graines...il pousse et pousse et pousse sans fin....................
il a du goût...des arômes ....une couleur, dame Nature a bien fait les choses »

« l'argent ta beau le mettre dans la Terre avec un peu de terreau
patienter tout l'hiver............crois-moi que tu n'y récolteras rien »

« avec l'argent..tu manipules..tu corrompts..tu joues sur les sentiments
quelle perversité !!!..................... au diable l'argent.......................... »

« avec l'argent on achéte surtout de la merde
pour le plus grand bien des gros porcs....... »

« l'argent ça ne chante pas...ne parle pas...ne rigole pas...
on s'ennuie avec l'argent...je trouve cela même triste.... »

« l'avarice c'est le pire des pêchés............
et croyez-moi celui-ci n'est pas mignon
encore moins naturel, imagine le cocktel »

« élément totalement extérieur fabriqué par l'homme
imagine toi le sage, le paysan qui adore la Nature...
l'avarice elle en est dépourvu.....jusqu'à nu............... »

« le pêché mignon..il est mignon comme son nom l'indique...
mais l'avarice, c'est comme si on t'avais remplit de psoriasis
sans même en connaître l'appartion, t'en perds la raison........ »

« l' avarice c'est un monde imaginaire
créee par la malice donc les malicieux »

« l' avarice, c'est juste le péché mignon concoter par les gros porcs
normal...ils en sont remplit jusqu'à l'os, de ce vice et cette malice »

« heureusement, on peut s'en débarasser de l'avarice
et le remède de mère-grand est tout simple...........
je te le donne gros cochon car c'est urgent............ »

« laisse ta femme et tes enfants..c'est très important
enlève ce costume et ces mocassins a 1000 francs »

« ensuite tu t'habilleras simplement, c'est très important
sans te regarder sinon tu risque encore d'y succomber
ne te regarde surtout pas.. »

« dans cette simplicité, tu choisiras une destinée bien éloignée
de notre réalité........qui n'est pas belle a admirer................ »

« arriver dans ce monde-nouveau
remplis de brebis et plateaux....
tu y passeras le temp qu'il faut »

« tu rencontreras...échangeras...travailleras la Terre, ta Nature-Mère...............
sans même t'en apercevoir, tu te sentiras en harmonie parfaite....................
une sensation de se sentir utile et pour cause....elle est sublime...................
tu continuras dans ce chemin pour que tes pieds reste toujours connectés........
sur cette Terre...la-méme sur laquelle tu as travaillés pendant des années.........
depuis que tu es nés..enfin, tes tout premiers aieux , d'ailleurs ils te regardent.....
fiers et heureux car ils peuvent enfin fermés les yeux prend le comme un a-dieu »

« les banques ça part d'une bonne intention.............
c'est après que les choses se corse comme toujours »

« si tu veux bien faire avec ta banque, commence par lire les petites lignes
tu y perdras du temps......................ton temps............................... »

« la banque c'est des intérêt à leur hauteur, ils ont voulu se regrouper en réseau
attends-toi donc que les agios soient hauts....bien hauts et le a petit, tout petit »

« la banque est censée t'aidés, toi, tu as l'impression d'être entérrés et ce à juste titre »

« la banque ta bien creusés....il en oublie que tu es venu en tant que vache maigre....
les gros porcs n'ont pas de pitiés, même si il ya peu de viande faut tout prendre...... »

« la banque ta l'impression que c'est compliqué mais en réalité tout est bien ficelé
et je vais finir par te l'expliqués.. »

« prenons le cas des pourris....comme les arômes des gros-porcs*.........eux n'ont pas de souci
c'est ce qu'on apelle les vaches engraissées, pourtant la vache en elle même est assez grâce »

« et bien mon lapin, la combinaison est simple, celui qui va dans le moins, le négatif.....
plus facilement, c'est toi.....car tu n'as pas beaucoup de viande....et comme ils font
énormément d'affaires dans le négatif.....ten prend un gros dans le pif........................ »

« autrement dit, ne va jamais dans le moins, le négatif, le solde débiteur
jamais......................jamais......................au grand jamais.............................. »

« le système est crée ainsi : « celui qui entre dans le royaume sous-terrain, en creusera sa tombe
et comme tu n'es pas aveuglés............................je sais que tu l'as remarqués................mon ami »

« c'est la devise des gros-porcs : il te laisse toujours la porte entre-ouverte
au cas où, tu serais tentés.....fais le bon choix........moi je t'ai avisés......... »

« les gros-sales, nous font même hair notre conseillère
bande de chien errants................................ »

« après-tout, elles ne sont que des brebis déssosés
pourtant elles sont venu pleine de volonté......... »

« il suffit de voir l'ambiance macabre, qui règne dedans, tu sens que les gros-porcs
ont bien urinés avant de lever le pieds.........débrouillez-vous...............................
maintenant, eux, ont déjà filés au 90éme étage d'une tour de paris...ahhhhh paris »

« paris , c'est le rêve remplie de désillusion....soit le bienvenue »

« on résume la france a paris, enfin ce sont les pourris.............
les gros-porcs qui en ont fait leurs paradis, seulement le leurs »

« heureusement que toi, tu sais que le france, est bien plus belle que paris »

« paris, c'est la capitale des gros-porcs, leurs sièges sociales, ils y ont tout installés a paris
ils ont déduit, que comme c'est la plus grande ville, elle sera a la hauteur de leurs grandeur »

« paris, c'est beau........... il suffit de regarder parterre.............. sa sent bon ....
il suffit de connaître la qualité de l'air......... c'est grand paris, il suffit de prendre le ter »

« a paris les gens n'ont pas le cœur chaud........
croyez-moi, le climat n'a rien avoir la-dedans »

« a paris, on se sent comme dans une boite de sardine
c'est que les gros-porcs, ont mis le paquet sur paris »

« ils ont tout misés sur cette ville, ils l'ont transformés et c'est leurs plus belle réussite
selon eux.........................seulement selon eux................................. »

« paris, c'est le cimetière des gros-porcs, ils veulent tous se faire enterrés a paris
qu'on les enterrent donc tous... »

« paris, c'est une ville de masse, où tout le monde se cotoient
mais personne ne se parle................paradoxe non......... »

« paris, tout y est chère, normale c'est paris
c'est avant-tout, une simple ville............. »

« paris, tout y est moderne, illuminé, connecté
bref tout y est faussé...................... »

« a paris, tu te sens heureux, et pourtant............
tu croyais bien faire en y posant tes affaires..... »

« tu réalises que tu es bien seul, dans ce monde illuminaire
moi je dirais surtout imaginaire...................... »

« va donc voir le paysan, il vit avec la réalité et rien n'est truqué
en plus, tu ty sentiras bien plus légé et heureux Naturellement »

« tu auras plein d'amis et cela seront sincère et solide
qui ne répéteront rien et ne feront que t'écoutés.........
toujours avec la même sincérité et solidité............... »

« paris..........on devrait l'expliquez avec un seul mot
fuyez..........pourtant je n'y est jamais mis les pieds »

===

« pour les gros porcs...les machines c'est plus que sacrées..........
c'est leur plus grande fiertés, leur hymne national achevés....
rentabilité assurée..lien social découpés....billet a volontés.....
ils en arrivent presque a éjaculés...................... »

« on est déjà tous enfermés, isolés..........
et ils en ont rajoutés avec leur machine
pourtant il n ya que elle, qui encaisse.. »

« toi, tu travail pour eux..........tu te dis ....
bon moins de salarié.... économie assurée..........
ils vont donc partagés, distribuer façon équitée.....
pauvre con..ta pas compris que t'étais qu'un pion »

« les agriculteurs déverse leur fumier....
vers un point de vente des gros porcs
ça ne les empêche pas de trinqués..... »

« dans l'oeil d'un agriculteur...il y a un cœur
dans celui du gros porc.....du papier violet »

« le gros porc est présent de partout............
il a même réussi à se faufiler dans le bio »

« les gros porcs ont remplacés la chine par rpc.......................
au cas où , tu penserais que c'est ailleurs..maintenant tu seras »

« les gros porcs mettent des 9 de partout en rayon
surtout à la fin...apparemment c'est une technique »

« le gros porc se sent volé à travers son costard
heureusement que la Nature lui rappelle..........
qu'il faudra le baisser si il veux pissé............ »

« le gros porc, il hésiterait pas à vendre la vierge...si elle rapportait »

« le bio, il suffit de voir l'emballage...pour que tu comprennes
que les gros porcs sont de partout, partout, partout............... »

« les gros porcs c'est eux qu'ont devraient mettre dans les ateliers
il ya pleins de viande a mangés... »

« a chaque fois qu'on s'infiltre dans les ateliers des gros porcs...........
on en sort les mains pleins de bouze......eux jouent dans leurs boues »

« les gros porcs nourrient les gros porcs.........
mange entre eux..font semblant d'être heureux
et se force à rire.. »

« on se bouffe entre-nous....pendant que les gros porcs
boivent leur champagne a 5000 euros la bouteille....»

« presser....stresser.....ça c'est une recette des gros-porcs »

« les gros-porcs si ils pouvaient les faire vêlés en 3 mois, crois-moi, ils hésiteraient pas »

« les gros porcs ça crée pas...ça vole et se glorifie d'avoir eu l'idée
demande a frigidaire et mousse au chocolat façon mayonnaise »

« les gros porcs te font voir les choses en grand
c'est comme cela que tout commence .... »

« le gros porc te dis que tu seras astronaute..cosmonaute »
le pire de tout cela......... c'est qu'il pense ce qu'il dit..... »

« le gros porc te met la main sur l'épaule
le neurotransmetteur la sent autre-part »

« les salles de sport poussent comme des champignons
les gros porcs s'immergent avec................................ »

« les gros porcs te pousseront toujours à être gros..........
quand tu exploseras...ils ne viendront pas au cimetiére »

« les gros porcs des mgs* n'ont pas de sous....pour t'augmentés
mais bien assez pour tout automatisé....payés des amendes...
te matraqués de publicité...........allez comprendre................. »

« tu as-beau mettre stop à la publicité.......................................
on t'urine quand même dessus...l'odeur me dit quelque chose »

« pour les gros porcs des mgs....le rayon doit toujours étre plein...rempli a rabord
on a l'impression que c'est eux qui font poussés les Océans et les Terres........... »

« moins cher..encore moins cher..heureusement, qu'il y en a qui remonte la filiére
pour savoir comment on peut produire à des prix aussi-bas................................... »

« chez les gros porcs, on en voit encore ranger leur palette de bouteille en rayon
avec un transpalette manuel........sinon cela abimerait leurs beau carrelage »

« oublie pas de scanner tes courses..........les mettres dans le panier...............
d'insérer ton argent puis prendre ton ticket de caisse pour pouvoir sortir ....
c'est pas comme si tu avais travaillé toute la journée...on préfère automatisé
question de facilité............moi, je dirai question de pognon........................
on ta augmentés....... demande à ton gros-porcs, il te diras sûrement que oui....»

« c'est vrai qu'on travaille pas assez............on devrait même....
repasser au 40 heures avec un smic horaire à 8 euros de l'heure »

« les gros porcs sont si fier de leur poudre blanche
qu'on pourrait presque l'appeler l'or blanc............. »

« le gros-porc, il mange en excès...........il faut qu'il entretienne sa graisse............
difficile de revenir comme avant....avec tout ce que tu t'es empifrés.................. »

« le gros porc, il pourrait vendre de ce qui a de plus religieux.....
de plus sacré..........de plus pure...........du moment que sa brille »

« les gros porcs sont tellement fier d'avoir étudier la théorique
la moitié de leurs vie ....que ça en devient pathétique »

« les tg*..... les rayons......les vitrines.......les emballages brillants.........
tout doit êtres bien soignés...bien présentés..tout bien calculés..........
la Nature elle............elle calcule pas........elle met a disposition........
tel qu'elle................... et vous faite.......elles....compris gros cochon »

« le gros porc construit des drives à tout va.....de partout on en est envahit
alors qu'on pourrait faire une belle aire de jeu pour se dépenser un peu
on préfère se déplacer et charger, y a pas assez d'obésité........gros lard »

« les gros porcs s'en foutent que tu es un chariots
sans pare-brise...sans-climatisation......................
ce qui compte c'est le p-c-g*...........sac a merde.... »

« les gros porcs...... ont réussi à nous faire croire........
que les lipides sont tout les maux de l'obésités.........
fort les gros porcs....je vous tire ma ceinture......... »

« le paysan se suicide...le salarié aussi pendant que ce temps le gros porc
finalise sa transaction pécuniaire........merci soeure emmanuelle*.......... »

« le gros porc sera toujours bien présenté.........
quand il voudra te mettre un doigt dans le cul
maintenant tu seras... »

« le gros porc vient jamais avec une bonne intention.....seulement la sienne
donc fais attention et prends ton temps pauvre paysans........artisans...........»

« les gros porcs savent faire pour t'amadoués
normal....ils a étudiés toute sa vie que cela »

« il ya toujours une faille chez le gros porc...........
il suffit simplement de l'observer pour la déceler »

« les gros porcs adorent tout automatisés.......................... selon eux ça va plus vite.................
moi je dirais, c'est surtout une machine à argent avec à la clé un lien social brisé et fracturé »

« les gros porcs adorent les statistiques, les sondages, schémas et courbes
apparemment c'est infaillible....d'ailleurs leur arômes s'occupent de tout »

« si tu travailles pour un gros porc....prépare toi à faire une cure thermale glacé »

« les horodateurs on y passe tous un 1/4 d'heure vive la nouvelle technologie
qu'est ce qu'ils s'en foutent, eux se garent dans leur voiture...............................
bande de puant déconnectés de la réalité... »

« les gros porcs c'est comme les crocodiles......
ils ont une grande gueule mais des petits bras »

« si les gros porcs font attention à ce que tu ne te fasse pas mal
c'est pas pour toi........rassure toi...........mais leur porte-feuille»

« le gros porc, te met en confiance, te fait voir le beau côté des choses
c'est après que tu réalises.. »

« le gros porc, trouvera toujours un prétexte à la robotique »

« pour le gros-porcs, il y a aucun doute, le temps c'est de l'argent »

« pour les gros-porcs si tu fais 10 palettes à l'heure
tu peux en faire 20............................minimum »

« le gros-porcs, connait tout de la théorie
rien à la pratique............................... »

« le gros-porcs à horreur de te voir rien faire
il te fera donc faire quelque chose.............
qui aura rien à voir avec l'intitulé de ton poste »

« le gros-porcs adore le chronomètre
c'est pour mieux t'usés mon enfant »

« le gros porc voit 300 ce mois, toi t'acquiesces
t'en oublie que ça fait plus de 3000 à l'année »

« comme le gros porc se fout du détail
tu te fous de lui................................ »

« ils nous exploitent....pour ne pas dire violés dans tout les sens
qu'ils aillent au diable..........................même lui n'en veut pas »

« les gros porcs, c'est à la vie, à la mort
croyez-moi, il n y a pas d'autre solution »

« soyons sans pitié avec les gros porcs
ils n'en méritent même pas une......... »

« arrêtons-tous d'allés dans ces grandes surfaces......
coupons tout...ils sont allés beaucoup trop loin...... »

« achetez uniquement ce dont vous avez besoin, coupez les intermédiaires
allez directement chez l'artisan....... paysan....le commerçant de proximité »

« quand les gros porcs vont trop loin dans la tromperie
ta le droit de les hair............les maudires................... »

« ils peuvent tout fermés.......tout licenciés....... tout coulés.....
on se démerdera, on fera un petit feu, soudés comme jamais »

« on mangera, se racontera des histoires, on s'aidera, on s'epaulera
à les faires sortir de leurs imaginaires.....eux et leurs salaires........ »

« si le diable doit prendre une forme, c'est bien ce 2 pièces
tellement fourbe............................. qu'il se couperait en 2 »

« le diable on en a tous un peu au fond de nous............................
il nous murmure, caresse, toujours lentement, faisons attention »

« le diable, c'est quand ton esprit commence à être tordu, idée malsaine, tordu, rire forcé
moqueries à volonter bref quand ta pensées dépasse les mots, c'est le diable qui est là..... »

« le paysan est immuniser contre le diable, et il n'a pas eu besoin de vaccin »

« les gros porcs en sont remplis et il n'ya aucune trace, 100 pour cent »

« le diable c'est un mélange de vice, arrogance et corruption »

« le diable aime l'argent et te le transmets, tu feras ainsi parti de son royaume »

« quand le diable te sourit, il est tellement sarcastique, qu'on croirait presque qu'il est naturel »

« le diable il est rouge car il ne sait pas garder son sang froid
il veut tout......................................tout de suite et maintenant »

« le diable il te souhaite la bonne année avec un scarabé dans ta bûche de noel...... pauvre scarabé »

« le diable pourrait facilement se deguiser en père noel, tu n'y verrais que du feu »

« le diable adore le contact, il est sans cesse en train de te rassurer
quand tu doutes, c'est pour étendre un peu plus sa domination.... »

« le diable t'invite chez lui sans billet-retour »

« quand tu te regardes dans la glace tu ne le vois pas, mais il y a des traces de diable »

===

« les f-a-n*......... ce sont tous des gros porcs sans exception...
et qu'on vienne pas me dire que je vienne dire merci a frite »

« frite ça part d'une bonne intention..........
c'est après que les choses se corse......... »

« au départ frite s'est rendu compte....................
qu'il ya quelque chose qui tourne par rond...... »

« tu m'étonnes ils etaient tous au hilton en train de s'arranger sur les prix
heureusement que la justice les à pris la main dans la sac...ces gros sac »

« ils buvaient leurs canon.....se remplissaient les poches de pognon
ce petit homme frite avait bien raison de protester........................ »

« il a donc eu le courage d'aller contre tout les languages.....
provoquant une panique générale dans leurs bagages......... »

« il a proposé des prix..........malgré toute les railleries et moqueries
croyant qu'il n'allait pas reussir l'affaire ils l ont donc laisser faire »

« il est devenu maintenant super frite super f-a-n
on veut tous le ramenés.... tous se connecter..... »

« tu te demandes comment il fait pour proposer des offres si bas toute l 'année..
on se demande à notre tour si il ya pas quelque chose qui sent à plein nez......
dans cette histoire digne d'un polar où tout le monde te donne envie de gerbés »

« pauvre frite à vouloir devenir super-frite*......................
tu tes transformés en gros porc s'en même t'en apercevoir »

« avec des offres aussi bas et promo alléchantes.................
qu'on me dise pas que tu utilises des méthodes avenantes »

« tu dois sûrement en exploiter avec tes lois sans foi
où l'argent est roi.. »

« tu me fais pensés au général declercs...d'ailleurs tu en es un
ta l'impression que ces gens sont des anges quand tu les vois
à leurs façon de parler........s'habiller........rigoler......jouer......
nous on connait l'affaire.........de ces enfants de lucifer........... »

« d'ailleurs, je me suis toujours demandés, dans cette bande de petit p et de petit d
pourquoi aucaun f-a-n.....ne propose pas uniquement l'offre internet..................
sans téléphone sans télévision, on a l'ordinateur et le portable.........à quoi bon »

« mais ils préfèrent que tu prennent le pack complet mon enfant ....
c'est pour mieux te degustés, façon argent doré, pas pour toi...crois-moi »

« pourtant super-frite qui est censé être super malin le sait bien....
oui mais il est devenu super.......maintenant tu peux allez te fer »

« quand on touche à l'argent doré...on a plus envie de galerer et d'innover ni créé
je vais donc devoir rétablir la véritée....à ces gros porcs qui essayent de nous divisés »

« ce qu'il ya de plus beau et magnifique....
c'est ce que d'un claquement doigt........
on peut les faires saignés et s'agenouillés »

« je suis obligé de donner la clé et crois-moi
que celle-la n'a aucune sécurité
considère-la-donc comme la clé de la libertée »

« il suffit tout simplement de PARTAGER.................
ils nous ont siroter le cerveau avec leurs sécurité.....
leurs mots de passes façon impasses......................
tu sais celui où on te demande un minimum..............
une majuscule, un chiffre, un point...................
toi..tu crois que c'est pour ton bien.....................
mais nous on connais l'affaire, de ces enfants de lucifer »

« il suffit de voyager pour comprendre le mot partager.......
ils ont voulu nous divisés on va donc lutter et s'acharnés »

« Donne ta clé de liberté à ton voisin...arrange toi avec lui
partager-la autour d'un thé puis apprenez à vous connaître
vous qui vivez dans le même établissement et ce depuis longtemps
sans avoir jamais pris le temps de discuter autour de cette tasse de thé
apprenez à vous aider....à vous épauler....il suffit juste de communiquer
rien de compliquer........mais toujours dans l'équité.............................
c'est ce que l'on apelle le partage équilibré seul vous, pouvez vous arrangez

bon courage citoyen du bien, ils o voulu te transformer, j'espère t'avoir liberer »

« partager même cette clé de libertée avec 2,3,4,5,6
vous être libre de decider...comme libre de partager
n'oublie le jamais........................ »

« les médias quand ils te promettent, c'est comme ce petit logo que ta mis sur ta boite aux lettres »

« le médias sont une industries.....les industries ce sont les gros porcs
et les gros porcs faut que sa rapportent...quittent a mentir, pervertir »

« ils adorent parlés.......déformés propos et vérités pourvu que sa fasse du blée »

« les médias ont les a transformés en pitbull........cependant lui, à l'état naturel
il est beau.................costaud..............................et courageux....................
strictement rien à voir avec cette bande de pouilleux...................... »

« quand on rajoute un arôme artificiel cela ne peut étre naturel
bon a faire seulement de la merde............................. »

« le paysan quand on l'invite sur un plateau tv....il vient avec toute sa pureté.........
malheureusement il en repart violé..........pauvre de toi..tu ne le sais pas encore
mais crois-moi que tu va finir par marcher les fesses serrés..................... »

« les médias ce qu'on apelle les classiques......moi je dirais surtout merdiques.....
ils sont voués à disparaître..............................ça sera déjà cela de fait............ »

« nous pouvons commencés à les aidés en jettant notre tv.........................
et garder seulement notre clé connecter dans l'autoradio de l'auto ....
quand aux journaux....ils suffit de passer et tracer..mieux vaut un bon mojito »

« les médias lisent leurs bout de papiers s'en est dire de leurs qualités....................
après tout, ils ont plus le temps........a quoi bon s'emmerder autant truquer.........
quand on a la tête inondée...respirer devient compliqué..tu peux même suffoqué »

« les médias sont content de t'avoir inviter....c'est pour mieux te cuisinés mon enfant »

« toi, tu viens insouciant....emerveillés par ce monde halluciné..........................
tu ne connais rien au monde virtuel..ce paradis superficiel.....remplie d'artificiel
il fait bon.......il fait chaud..on te sers café-croissant-thé à volonté..sourire donné
et oui mon enfant il faut que tu te sentes decontracter..si on veut bien te cuisinés »

« ils t'avais promis de ne pas aborder ce sujet........ni ces questions..........
et tu es tombé en plein dedans...obliger de parler face à la tv...............
tu te sens vexer.........énerver........violer..........dans la sincerité............
et tu finis par ne plus leurs parler......ils tons massacrés...secoués, renversés
pauvre de toi....dans ce monde sans scrupules seul les crapules y sont roi.... »

« la prochaine fois tu seras prévenu...que le naturel ne rime pas avec l'artificiel »

« plus arrogant qu'un média...difficile à trouver...tu me diras ils ont fabriqués leurs monde l'unique ingrédient pour faire autant de merde......................ne peut être que l'arrogance »

« après tout dans l'arrogance...on ne s'écoute pas....on rigole à tout bout de chants..................
on invente ..on perverti.... on simule...bref tout ce qui faut pour faire un arôme 100% pourris »

« les médias...ils se connaissent tous...se sourient tous...se saluent tous....
se frequentent tous mais ils ne sont pas amis.....allez comprendre....... »

« les médias c'est pire que l'enfer........là-bas tu connais au moins la couleur
chez eux sa partait du simple blanc et noir.....essaye de voir maintenant..... »

« c'est coupure...montage...zoom.....avance rapide....arrière plan...
la régis du son svp.....un peu plus voilà comme sa c'est parfait »

« dans ce monde de fanatique....crois-moi que tout est utopique »

« les médias te donnais un créneau horaire pour tes films....serie et compagnie.......
régle bien ton enregistreur une bonne heure avant et une bonne heure après.........
si tu veux rien louper... tout comme la pub, au-moins celle-la.....tu risques pas .....
ils se sont chargés, de la mettre entre ton réglage...ils sont fort les gros porcs..... »

« les médias ils ont plus le temps...même quand ils te parlent...ils passent à la question suivante
sans même s'en rendre compte...sans même t'ecoutés...c'est leur amabilité...façon de te saluer »

« les publicités.....les prix se sont envolés encore plus cher qu'un transfert »

« à ten donner le vertige si tu voyais tout ce qui se tramait..............
crois moi que tu te cacherais sous le chevet de biquette..............
oui celle qui discute façon bet bet......tu ty sentirais bien plus heureux »

« toute ces connexions....liaisons........ à ten faire perdre la raison...
cherche pas à tout comprendre....ils ont leurs spécialistes.............
moi je te donne la clé.........tu peux enfin t'évadés....rends moi service
passe le bonjour à biquette de ma part...dis lui biou-biou.................... »

« les médias sont tellement sur d'eux...qu'ils se remettent jamais en question..........
persuader de faire un travaille fabuleux..je dirais surtout lamentable et exécrable »

« pauvre d'eux...après-tout ils sont que poissonnier....................
c'est le requin qui détient leurs bien...qui va osée..................
au risque de s'en aller........ on préfère avaler........................... »

« les médias adorent les mauvaises nouvelles..........
ils ont vu dans leurs histogramme de sœur emmanuelle
que cela marche à merveille......................... »

« on se demande si on devrait pas les censurés...j'ai osé
ils nous ont tellement lobotomisés avec leurs tele-realité
qu'on est devenu tous déconnectés de la réalité............. »

« les médias à la base...ça part d'une bonne intention
c'est après que les choses se corse, comme toujours »

« ils sont censés t'aider dans l'éducation...la compréhension
c'est pas sorcier pourtant....oui ça s'etais une bonne émisson »

« maintenant tout est devenu illusion et rançon
ils ont transformés l'information et leurs emissions
en jeux à la con, façon pognon--contrefaçon.......
ya pas de quoi fanfaronner..tu peux me croire..... »

« à quoi bon perdre son temps...nous on sait que la vrai beauté
se trouve derrière notre tv...oui tu peux le faire...va y...encore un peu
bravo.....tu as trouvés le chemin de la liberté..profite de la beauté....... »

« on fait des films en moyenne de 1h40....
tout cela pour les résumés en 20 minutes »

« les plateaux tv...c'est devenu stars..strass...paillettes montage
ce sont devenu les arômes préférés des gros porcs................ »

« 20 minutes d'éfficacité et 1h20 de formatage...lobotomisage
je sais c'est compliqué....ta l'impression de perdre ton temps »

« la france est un pays développé
même dans la corruption......... »

« on classe les pays les plus corrompus selon un organisme
tu peux remettre la palme d'or à la france...................... »

« la france est un pays corrompu...contrairement aux autres
tout se fait en douce...........douce france........................... »

« la france est belle....il suffit de regarder parterre.......... »

« on te présente la france....comme un paradis perdu
ça s'était avant... »

« la france c'est : cigarette-café-cacheton................
recette maison pour : anxiété-agitation-mélancolie
maintenant vous connaissez le remède.................
enfin la recette........vous m'avez compris quoi...... »

« on est devenu tellement optimiste...qu'on préfère aviser les chinois
de ne rien avoir sur eux......quand ils débarqueront sur paris......... »

« heureusement, que la france ne se résume pas à paris bordeaux marseille et lyon »

« ils ont tous le rêve de visiter la france..avec son vin fromage et pain
la réalité à finit par les rattrapées..................................... »

« la constitution est belle dans la forme.....
l'extérieur....les courbes....les contours.. »

« elle a été écrite pour faire jolie
comme la théorie et compagnie »

« la constitution, on y fait méme plus attention
à quoi bon.. »

« la constitution, c'est beau dans le fond
seulement dans le fond........................ »

« les gros porcs vivent au-dessus de la constitution............................
il n y a pas de doute la-dessus, la réalité nous le montre tout les jours »

« soeure-emmanuelle* est bon en chiffre, en math, en calcul, diagramme-histogramme
mais ne connait absolument rien à la psychologie, et ne voit pas tout le drame...... »

« c'est normale, la pauvre....il faut connaître son passée......... savoir d'ou elle vient....
pauvre d'elle....alors oui elle est belle, oui elle à un beau sourire, des beau yeux bleus
mais malheureusement, elle a été victime de la sorcellerie des gens au-dessus d'elle
ma pauvre vieille...............enfin jeune....................enfin je ne sais plus.................... »

« donc pour le remède sorcellerie, ma tendre emmanuelle, va directement dans la
rubrique avarice....c'est urgent...merci d'avance...bisou de maman...oui elle........ »

« sœure emmanuelle connait rien à la psychologie..................
mais est très bon en chiffre..on peut pas être bon de partout »

« après-tout, elle est absorbée comme une serpillére
normale, elle est arrivée la dernière...................... »

« 11 vaccins obligatoires, c'est juste anti-constitutionnel .....merci bouzedevache* »

« elle a du recevoir une belle malette de billet ....
mais croyez-moi, ceux-ci viennent pas du monopoli
mais bien des lobbis de la pharmacie........................ »

« par sécurité pour mon enfant, il ne sera pas vacciné
car c'est le mien...ministre pourrie..........corrompu
honte a toi.. »

« dame Nature a donné à nos femmes du lait maternel
et toi tu l'as transformés en lait à vache......................
moi, je dirais surtout........que tu es une vache à lait... »

« hublot* s'est laissé bercer par une présidente qui excèle dans l'art de calculer...............
on finit toujours par se faire duper, maintenant tu seras informés avant de t'engager »

« après-tout hublot ce n'est pas sa faute................il vient du paysan........................
et on sait comment se termine l'histoire...je t'invites donc au thème...paysan-avarice

pour te soigner et éviter de te faire à nouveau piéger... »

« pauvre hublot....on la dépuceler et pour une fois c'est pas la faute de jeanne
mais bien, de sœure emmanuelle, il savait pourquoi il combattait...............
il avait des convictions............. des valeurs fortes et solides..........................
car il avait la raison............... on la tellement chamboulé........................
qu'il en devient déprimés....................... à s'éloigner de la société ....
pour retrouver la Nature de toute façon elle finira par te rappeller ....
qu'il ne faut pas jouer............... avec la puretée.. »

« pauvre de toi mon nicolas Nature................
tu avais une couleur si belle... si pure........
regarde, ce qu'il on fait de toi...................... »

« le problème, c'est qu'on pense trop à notre bien être, on est surtout aveuglés
mais croyez-moi si on remontait toute la filière, on en deviendrait enragés »

« c'est pour cela que hublot, fait des dépréssions, il a le cul entre deux-chaises......
alors qu'avant, il en avait une seule et croyez-moi que la couleur était bien verte »

═══

« l'école sa part d'une bonne intention
c'est après que les choses se corse...... »

« malheureusement, l'école d'aujourd'hui
c'est celle de la théorie, la constitution
l'inutile quoi........................... »

« on devrait être déjà tous bilingue et ce depuis longtemps.............
mais il nous on rendu paresseux à force de rester assis et scotché
devant notre tv..............oui celle qui ont installés derrière toi........ »

« pauvre de lui.......il ne voit même pas.......on la tellement utilisé
que lui aussi..................en a finit par être aveuglé................... »

« pourtant le chinois.....il l'est depuis longtemps...................
ya pas de quoi fanfaronner...si le niveau a baissé..................
arrête de faire semblant d'être étonné....hypocrite de politique
et ceux quelque soit ton parti-pourri..................................... »

« croyez-moi.....l'ecole on peut vivre sans....................
d'ailleurs les plus brillants ne son pas restés longtemps »

« l'école sait une perte de temp.......elle est juste théorique.......
nous on vit dans la réalité et la réalité est dans la pratique.... »

« l'école sait une histoire de politique
tout le monde veut mettre sa graine
c'est pour cela qu'on en a la migraine »

« l' école on en devient tous bigleux...il suffit de regarder nos yeux.... »

« l'école, ils veulent l'envahir par le numérique...................
moi, je dis c'est bien pratique...dans une école théorique »

« cela t'aidera a accroché, coupé, collé, assemblé...
bref libéré ton esprit et ton ingéniosité................
dans cette école de soi-disant liberté de penser......... »

« par respect, pour mon enfant physiquement et psychologiquement
il n'utilisera aucun de ces gadget inventé qui nuit a sa santé et liberté »

« pauvre de politique...cette grande famille de corrompus
bien déconnecter de la réalité......pour que tu aies votez
ils savent nous S.....oui tu as très bien compris............»

« les gros porcs travaillent dure à l'assemblée........
il manque juste des pop-corn et un oreiller........... »

« les présidents actuels...ils ont rien dans le froc.........
c'est pour cela que je les considère comme des pions »

« les présidents aiment bien augmentés leur salaire
ils se condidèrent pas assez payés...imagine-nous... »

« plus, t'essayes de fouiller dans ces châteaux
moins ça tourne rond.....mieux vaut rentrer »

« le costard ya rien de pire pour endoctriner un homme »

« le costard ne fait pas parti du paradis un sage te le diras »

« les costards sa rime avec la plupart des insultes française....
ce n'est pas pour rien....d'ailleurs ma préféré c'est gros lard »

« les président adorent les costards....moi, je lui pisse dessus
chacun ses convictions...........il est pas midi de toute façon »

« le costard on en a oublié l'histoire ....triste histoire..........
a croire qu'il fait partie de la déclaration des droits de l'homme
tout les exploitants portaient des costards pour les exploités... »

« les présidents se prennent pour des conquérants...
pourtant, ils ont rien conquis cette bande d'abrutis »

« le président, c'est une étiquette....................
il suffit de prendre tes jumelles a 22h du soir »

« la gloire c'est pour les rois.......
les rois ont leurs coupent la téte »

« de tout ces présidents français....aucun s'est inspiré de pep
pourtant tout le monde s'est inspiré de lui............................ »

« le président n'aime pas les fainéants, il n'a qu'à dormir un peu plus longtemps...........sans le peu »

« la paresse, c'est notre pêché mignon
il faut donc pas en abuser................
pourtant, c'est si bon...................... »

« la paresse.......oui mais avec modération »

« la paresse c'est avant-tout la délicatesse...........
elle te berce, te caresse qu'est ce que c'est bon ! »

« la paresse , chantonne, grizonne........
toujours doucement, lentement........
c'est qu'elle sait y faire.................... »

« la paresse à le doigter............
bonne chance pour te lever... »

« la paresse est très délicate..................
te réveiller serait son plus grand pêché »

« la paresse, c'est la reine du violoncelle
la flutelle, la clarinelle........................ »

« la paresse, c'est une symphonie, mais quelle symphonie............................
tout y est bien orchestrée, elle ne fait que te frôler, sans jamais se tromper »

« la paresse, c'est un peu de vent, à température toujours constant »

« la paresse, elle t'effleure.................................
jamais t'agresses..............jamais tigresse........... »

« avec la paresse, tu es dans les bras de morphée
toujours bien installée ..toujours bien dorlotée.. »

« la paresse est une mélodie...................
dans un hamac te bercant.......mon enfant »

« on la considère comme un pêché........mais on lui pardonne......................................
en plus je suis sûre que c'est une femme......elle sera donc doublement pardonnée »

« la colère, elle est sans apelle.......................................
c'est l'excès, la démesure..
pour le peu que tu sois extra-sensible........................
elle finira par te blessés..... apprends donc à la contrôler »

« la colère, c'est un volcan qui peut entrer en ébullition à tout moment »

« la colère détruit tout sur son passage………même si tu y es »

« la colère agit directement sur le neurotransmetteur……
et il est sans appelle, c'est le rouge volcan……… »

« la colère, elle boue en toi……..elle attends que ça………………
mais tu ne contrôle pas tout…….alors elle éclate sans prévenir….. »

« la colère, c'est le sang, le rouge, celui de ton neurotranmetteur »

« la colère ne previent pas……et pourtant……………
tout le monde le voit…….tout le monde le sang…… »

« la colère peu monter très vite en ébullition………
personne n'a réussi encore à évaluer son temps…. »

« la colère a peu de patience…………………
alors mefie toi, toi, oui-toi……………… »

« la colère, elle te fait gonfler ton taux de testostèrone, démultiplie ta force tout ça naturellement
un vrai truc de fou……..d'ailleurs, c'est comme cela qu'on la qualifie et pourtant………………… »

« la colère c'est une explosion……………………………
ta déjà-vu…….toi………ce que ça fait une explosion……………… »

« la colère est seulement passagère……encore heureux, vu l'ampleur des dégâts……… »

« la colère, elle est naturelle, tu te sang blessés……….touchés…….
dans ton âme………….et ta chaire……………………………
et comme tu n'arrives pas à l'exprimer…..elle parle a ta place…….. »

« la colère, c'est exprimer et tu te sens soulagés……
elle a fait le boulot à ta place……………………. »

« on la considère comme un pêché……………. ……………………………………………
on ne lui en veut pas, elle a seulement voulu t'aidée…….elle est donc triplement pardonée »

« en plus on la traite de folle et pourtant…………………….
nous on est fou de toi…..notre cher et tendre colère »

===

« la gourmandise, c'est tellement bon………………………………….
normale, c'est notre pêché mignon…….quand elle est artisanal »

« tu vois ce beau pommier, tout vert, tout naturel, tout resplendissant…..
tu hésites pas une seconde, tu croques dans la pomme sans hésiter……….. »

« tu fais marcher ton instinct primaire, tu la dévores tel un animal…..
elle ta d'ailleurs, donnée la jouissance de tes sens……….oui les 5 »

« les gros porcs l'on transformés en serpent artificiel
tu y perds tes repères........dans ce monde superficiel »

« Dame-Nature, à très bien fait les choses...
j'en suis sûre que c'est une pomme à la chaire moelleuse, généreuse et délicieuse »

« il est donc pardonner, ce beau pêché......enfin pommier ....vous m'avez compris quoi »

« quand on pleure, on se cache du mieux qu'on peut......
c'est normal, c'est notre pêché naturel.................... »

« les larmes, si on pouvait les bannirs, on le ferait sans hésiter
mais la Nature à bien fait les choses.. »

« les larmes, c'est notre force et faiblesse ....
c'est tout simplement, celle qui nous rappelle......qu'on est avant tout humain »

« la larme est si naturelle, que ça m'émeut........... »

« la larme, c'est ce qu'il y a de plus beau.........................
mais on la comprend pas.....on trouve cela bizarre....... »

« pleurer de pureté....c'est ce qu'il ya de pire ou de mieux »

« la larme on en a tellement peur qu'on préfère l'appeler la pluie »

« c'est notre faiblesse...et pourtant ....
elle tombe en ivresse les jours de détresse.. »

« si on l'apelle la pluie comme à son initial
tu verrais qu'il n'y a aucune différence..........
que tu sois de tahitie ou d'arabie................ »

« les larmes......le paradis en doit etre remplis »

« la larme dans la paix
la larme dans l'amour
la larme dans le pardon »

« ta déjà-vu, toi, un homme pleuré
il devait sûrement ce caché »

« même les gros porcs ont des larmes........
comme quoi la Nature pardonne tout.......... »

« la larme ne prévient pas quand elle arrive, c'est si spontanée.....
et pourtant il yen a qui se joue d'elle... »

« même un bodybuilder ça pleure......pourtant il est naturel de synthèse ....
mais la Nature à l'état pure.....nous rappelle que c'est Elle qui possède les ailes »

« les larmes, tout le monde en a sur cette Terre......... ....
il y'en a qui pleure....mais on ne préfère pas entendre.....cela nous arrange....
on devrait tous se regarder, en train de pleurer de larme de pureté................ »

« la dépression, c'est la pire des choses qui peut vous arrivée »

« je la souhaite à personne et pourtant nul n'est vulnérable face à elle »

« elle à une telle emprise psychologique que tu en deviendrais trisomique »

« toi, qui à toujours sous-estimés le cérébral................................
et passer ta vie à te regarder.....la réalité à finit par te rattraper »

« la neurologie, ça en défraye les chroniques...............
tout ces meurtriers affreux...ils en avaient un peu...... »

« ta l'impression de pas trouver le bout du tunnel
tu m'étonnes.......il est tellement long................ »

« la dépréssion pour la comprendre
il faut l'avoir vécut..................... »

« elle peut avoir mille et une raison........
de celle qui te semble la plus logique....
à celle qui te semble la plus pathetique »

« on peut faire une dépression pour avoir perdu son chien
rater son avion......n'avoir pas saisi l'opportunité appelant
bref tout est possible... »

« tu comprendras pas car il faut avoir beaucoup d'humilité pour comprendre la dépression
chose très exceptionel de nos jours... »

« beaucoup, te riront au nez quand tu leurs raconteras ton histoire de déprimés
car ils se sentent intouchables........et pourtant.........ils sont si vulnérables..... »

« d'ailleurs..comme tu l'as remarqués un peu plus haut, ils viennent de tout mélangés.............. »

« le seul moyen que je connais pour soigner la dépression est le suivant.........
calme-toi....contrôle-toi...prends ton temps dans la respiration et la reflexion »

« ensuite, tu inspiras profondément et tu te diras les choses franchements
sans te mentir.............c'est très important............................. »

« puis tu trouveras.....avec ce calme et cette franchise.....ce qui la déclenchée
depuis ton enfance.....................jusqu'à maintenant................... »

« avec tout cela, tu mettras tout en œuvre .....pour éviter que cela recommence... »

« crois-moi....dans ce long tunnel....il y'a de la lumière................................tu ne la vois pas encore...
mais avec de la persévérance, tu y parviendras...sans médicament, avec ce remède de mère-grand »

« n'oublie-jamais, si tu fais une dépression, c'est que tu te sens coupable, responsable
donc tu veux tout changer.......voiture........coiffure...... ....
mais Dame Nature à bien fait les choses...........et te le pardonneras........................... »

« la bêtise et le bête......c'est incompatible....
tout comme la connerie.........et le con...... »

« tout cela n'a aucune sens....et je vais donc devoir rétablir la véritée...................
en tentant d'expliquer et élucider cette pure invention......cette pure imagination.... »

« la bêtise ce n'est pas être bête car elle te condamneras jamais
contrairement à lui.......................elle t'apprendras................ »

« être béte......c'est un terme des philosophes ça »

« la bêtise elle est sur le moment dans l'instantée..................................
tu es libre de pouvoir la répétée......pourtant tu sais ce qui va se passer
tu en es informés.........................tu viendras pas me venir pleuré »

« on né est tous bêtes............celui qui ne né est pas......
est juste aveuglé par son arrogance et impertinance »

« on a melanger la bêtise aux bêtes............
et la connerie.........................aux cons..... »

« je rétablis la véritée qui est bien plus belle a avalée
ça doit être sûrement un coup des philosophes........
ça change des gros porcs....quoique ils le sont aussi »

« en plus les philosophes vont te condamnés......bande de gros sales »

« fierté et humilité son compatible...
arrogance et humilité.....impossible »

« tout comme prétentieux et orgueilleux
cela relève d'un monde merveilleux..... »

« la fierté, c'est d'avoir reussi à accomplir quelque-chose
en te mettant à nu............sans peur.......et pourtant......... »

« mais avec des doutes.......c'est ce doute qu'on apelle l'humilitée.......................
qui n'a pas de doute ??????....cette peur....te fais douter....d'où la juste humilitée »

« le doute....il est en chacun de nous...c'est la base même de l'humanité.....
au commencement...à la création...on a tous douter....il fallait bien essayer »

« c'est là, que l'humilité est apparu et appris la forme de doute »

« le doute c'est le commencement de l'humanité...
tu comprends pourquoi ce qu'on apelle « les genis » son humbles maintenant
car ils sont passés par des moments de doute et la Nature leurs a rapellée.... »

« tout « les genis » sont humbles au commencement................................
on leurs a tellement grossit le melon qu'ils ont juste oubliés..........de fouiller
la Nature finira par leurs rappeler..................crois-moi......................... »

« il ya donc « les genis » qui n'oublie pas ce moment de doute.................
donc ils gardent cette humilité et d'autre oublie....par ceux-quoi ils sont passés
ils n'oseront pas te raconter.....fuiront leurs responsabilité..........................
et oublieront ce mot doute-peur synonyme d'HUMILITE......................... »

« arrogants, pretentieux, orgueilleux sont tous transformés et aveuglés...............
mais Dame Nature a bien fait les choses...............et finira par leurs rappelée... »

« c'est pour cela que la fierté sera toujours humble »

« d'ailleurs comme tu peux le constater......................................
si le mot génie est coincé........c'est que lui aussi n'a pas existée
en tout cas, moi, je te souhaite une bonne soirée.....humanité »

« les philosophes n'aiment pas ce terme
ils le comprennnte pas......normal..........
ils sont totalement aveuglés sur leurs plateaux-tv
le terme pas la tv..........a toi d'élucidés....... »

« on découvre son don avec de la clairvoyance.....................
et les gros porcs ont mis beaucoup de merde dans nos yeux »

« le don est une matière »

« l'avantage du don, c'est que tu ne forces pas ton travail »

« le don, ce n'est pas un miracle..........................
c'est quelque chose de Naturel, pure et saint »

« le don s'est quelque chose d'inné, c'est pure.............................
c'est pour cela qu'il faut s'analyser, s'étudier et prendre son temps »

« le don c'est quelque chose de fabuleux............................
c'est cette étoile qu'on les argentins et corse dans les yeux »

« la destinée la choisir serait risquée.......
c'est ce qui fait sa complexitée............... »

« il y a un peu de femme dans la destinéee
va savoir peut-etre que c'est une dulcinée »

« la destinée c'est extremement difficile a la décrire
a cause du vide océan..........entre ces deux liants... »

« la destinée c'est aussi bien l'infini que le néant
en tout cas, moi, elle ma fait nager dans l'océan
moi qui suis versant..euh.. tu ma compris quoi »

« la destinéee tu la choisis pas
du moins pas avec moi.......... »

« la destinéee c'est peut-etre 0,5;1;2;3.....
ce qui lui confére des pouvoires innés
à ma chère et tendre destinée.............. »

« quand je fais une introspection de ce moi de janvier........................
je me dis que tout m'était destinée..les deux mois...compris coquin »

« l'extra-sensible est celui que personne ne comprends......
qui devient rouge naturellement....s'emporte facilement.. »

« l'extra-sensible ne doit pas etre confondu avec le sensible
le détail fait la différence ....croyez-moi........ »

« l'extra-sensible est dans la démesure..............................
c'est parce qu'il ne mesure pas ce que la nature lui à doter »

« si l'extra-sensible arrive à se découvrir.....il y laissera un très grand souvenir »

« l'extra-sensible est ce qu'il ya de pire et meilleurs....pourvu qu'il s'en sort .... »

« l'extra-sensible, est toujours dans l'excès..........
surtout dans sa spontanéité, colère, folie, rire..... »

« l'extra-sensible, c'est l'âme-soeur..............
la seul difference, c'est qu'elle est avec lui »

« l'extra-sensible et l'ame-sœur n'on pas de différence
l'un est une molécule et l'autre un doublon...naturels »

« les extra-sensibles, ne son jamais compris et à tort...
c'est dû à la merde que vous avez dans les yeux...... »

« les extra-sensibles, ne sont jamais écoutés..........
pourtant..... tellement bourrés d'ingéniosités.........
quel gachis.......................................les apparences »

« les extra-sensible sont rare mais existe »

« l'extra-sensible aime tout, il veut tout savoir, tout comprendre
c'est pour cela qu'il en perd la raison...à force de se casser la tête
elle finit par tomber......................j'espère qu'il a pu la retrouvée »

« l'extra-sensible, arrête de se casser la tête..
quand il en devient simple....n'a plus le goût pour rien......se suffit à lui même »

« pourtant, la fibre, elle, elle reste.........elle est là..........
il suffit de la réactiver et la lumière viendra............... »

« l'avantage indéniable de l'extra-sensible est qu'il est polyvalent »

« l'extra-sensible, veut tout essayé, tout faire, tout comprendre
heureusement qu'il a vendu sa tv............ça l'a beaucoup aidé »

« avec cette tv, ya de quoi être terroriser.....d'ailleurs on l'est tous »

« l'extra-sensible, ressent les choses.....il a juste peur de foncer »

« l'extra-sensible vit généralement : cacher, isoler........
donc peu arrive à déceler......ce a quoi il est destinée.......
on ne sait plus lire dans les yeux............... »

« etre extra-sensible, c'est être susceptible, normal, nos valeurs sont tellement fortes que cela peut dépassé l'entendement, on est pas tous nés avec, c'est pour cela que vous êtes un peu dure d'oreille »

« être extra-sensible, c'est avoir l'âme très sensible, tout nous touche
surtout quand il s'agit d'amitié.......de colère........ et d'amour.......... »

« être extra-sensible, c'est tout dans la démesure, d'où le terme extra »

« l'extra-sensible n'aime pas pleurer, c'est notre plus grande faiblesse
on préfère la transformer en colère..
peur de vous choquer par ces larmes remplies de puretées................ »

« l'extra-sensible prend tout à la lettre, normal, une parole c'est une parole »

« l'extra-sensible à horreur de l'injustice.......................
normale, ta vu son cœur tu peux pas savoir ce que sais »

« l'extra-sensible peut changer de personnalité................... à cause de la société
à partir d'un certain moment......la Nature finit toujours par reprendre ses droits »

« l'écriture....c'est le message universelle
malgré babel....................... »

« l'écriture elle sert a transmettre et pas paraitre »

« l'écriture peut tout changer........
et pourtant elle né est spontanée »

« l'écriture est pas là pour être belle
seulement pour t'enseigner............ »

« l'écriture n'a pas de sens pure..........
　　　elle a été inventée........................
　　　ils en ont profités pour la détournées »

« si l'écriture a été inventée.............
　　　elle a donc été détournées.............
　　　personne ne l'aura donc respectée
　　　pauvre d'elle................................ »

« l'écriture corrompu....c'est le met des médias actuels
　　　il ne la respecte même plus....................... »

« l'écriture stop ton idée...la pose.........
　　　et elle est enfin gravée pour l'éternitée »

« l'écriture c'est ton pense-bête
　　　et pourtant elle est loin de l'être »

« l'écriture c'est ton placard...ta boite à gants
　　　c'est elle qui gère ton temps....................... »

« l'écriture elle te soulage.....elle enleve la migraine que ta dans la tête
　　　elle a été inventée essaye au moins de la respectée.......................... »

« il ya tellement de simplicité dans l'écriture
　　　c'est du papier...un stylo.....et des idées...... »

« l'écriture pour dessiner, s'exprimer, laisser libre court à ton esprit....
　　　merci écriture... »

« écrire pour enlever ce qu'il ya de trop ou de moins
　　　écrire pour se débarasser....................
　　　écrire pour finaliser................................. »

« l'écriture a dû être inventé par quelqu'un de sage
　　　en tout cas...........il en a tout mes hommages..... »

« la ponctuation....c'est l'arôme de l'écriture.......................
　　　qui n'a strictement rien n'avoir avec l'arôme des gros porcs »

« la ponctuation....elle coordonne...gère ta respiration
　　　un vrai plan d'action................................ »

« la ponctuation...elle te met dans toutes les situations
　　　calme...expression...tempête...doute.....supposition »

« le terme de philosophe.......ceux qu'on apelle les lumières....................
je ne l'aime pas.......car l'un a été inventé......et l'autre vient de la Nature
ils sont par conséquents incompatible... »

« en réalité...c'est une bande de bobo....fumant en costard.....bravo.....journaux à gogo.........
qui pense avoir créée le monde....ils se sentent intouchablent.....par leurs intellectualités.....
et pourtant ils sont si vulnérables..d'ailleurs la dépréssion....leurs a rappelées....................
que le cérébrale restera inexplicable.............et cela jusqu'à la fin de l'etre humain............ »

« le philosophe et dire qu'ils ont étudiés tout ce temps, au final pas très important »

« un sage prêchera le vrai pour savoir le faux »

« le philosophe, lui , fier comme il est
préchera le faux pour savoir le vrai... »

« le philosophe, c'est l'école de la théorie......
demande a simone...elle qui fût professeure »

« le philosophe, je suis sûre qu'ils adorent les mots comme : complot, gestapo
le sage cherchera toujours la racine, la base avant de passer aux attaques..... »

« le philosophe il est arrogant, il suffit de voir ces paroles
on dirait un tgv à petite vitesse......................entends-tu »

« les professeurs de philosophie, on a l'impression qu'on les a lobotomisés
ils ont toutes des tétes un peu louches.............avec respect biensûre......... »

« la philosophie....et dire qu'ils ont étudiés tout ce temps
au final ....pas très important...... »

« il est professeur de philosophie mais ne sais pas comment marche un lecteur dvd..................
tu es vraiment déconnectés arrogant-cachés essaye donc par la penser ça va peut être marcher »

« et dire que ces philosophes mettent 5 ans à écrire un livre...moi il m'a fallu une quinzaine de jours
le plus long c'est de structurer...tout rassembler ses bouts de papiers..toi t' apelles tes associés........»

« le philosophe, pauvre de lui, tellement fier d'avoir tant étudié
obtenu son diplôme, crois-moi, c'est un môme qui te parle........
et non un fantôme, si tu sais, tu peux devinés........................... »

« c'est parce que tu entends....george dire quand on est con, on est con
que tu l'es........., oui.........bravo sale con... »

« le sage lui, c'est la vie qui le lui a enseignée..
la Nature quoi de plus pure quoi de plus beau »

« le sage il a un œil lucide et prévenant
celui du philosophe, il est tombant.... »

« le sage prendra toujours une distance avec les mots...............
c'est en cela qu'il se distingue du soi-disant philosophe.......... »

« ce qui distingue le sage du philosophe...c'est qu'il essayera toujours au mieux
de comprendre tout les partis.........même les plus pourris...............................
c'est pour cela qu'il gardera à vie cette distance entre lui et ses propos........... »

« le philosophe ne la connait pas cette distance....................
car elle n'est pas donnée à tout le monde ....
il faut avoir beaucoup d'humilité, d'amour et de compassion »

« le creux entre la philosophie et la réalité
c'est un monde et il s'appelle la Terre....... »

« en faite un sage vit toujours dans l'incertitude de ces certitudes
c'est pour cela qu'il ne s'arréte jamais de penser......................... »

« le sage mettra toujours une distance entre lui et ses propos
car il sait qu'il n a pas totalement raison comme totalement tort »

« après-tout, le philosophe, il n'est pas méchant..........
il a juste perdu son temps.....un peu comme le juif...
donc si tu m'entends, va dans le thème juif..............
et tu trouveras la clé des champs............................. »

===

« le temps c'est la sagesse....... »

« prendre le temps d'écouter...de parler.....
tout est liée au temps avec la sagesse..... »

« les gros porcs ont massacrés notre temps
honte à eux... »

« je viens de réaliser en même temps que les jambes croisées
que le temps à l'etat Naturel..........c'est fabuleux................ »

« prendre le temps de se regarder....de sourire
de voir la sincérité.............de s'éduqué »

« prendre le temps d'analiser......faire les bons choix
prendre le temps d'écouter chaque avis................
afin d'évaluer la meilleur posibilitée................ »

« la société de consommation à détruit notre temps...
faut consommé...depensé.....courire chercher les enfants...produire...plus...encore plus »

« résultat notre santé s'est considérablement dégradée..
et pour une fois les données n'ont pas besoin de se justifier..au diable les gros porc »

« le temp c'est produit en harmonie avec la Nature.............
eux.....l' ont synthétisés et massacrés...............................
vous êtes vraiment une belle bande d'E.......................... »

« que p-e* ne m'apelle pas.....je risque pas de courir..................
un rdv......désolé je ne suis pas préssé...on va donc le décalé »

« être constemment à la recherche d'un emploi............
et puis quoi encore.....prenez le temps de vous étudier
partez quelques temps a saint-tropez....méditez...........
vous aurez les idées plus claires et lucides................. »

« cet argent il est à vous....vous avez cotiser pour................
le problème...c'est que le gros porc est toujours à la bourre
oui tu peux...espèce de sale »

« d'ailleurs croyez-moi....je vais partir deux mois
avec les frais de p-e............mes frais quoi........ »

« prendre le temps de marcher sans trébucher.......................
prendre le temps d'observer pour mieu comprendre la Nature
prendre le temps de regarder....contempler......s'arreter...........
il devrait avoir un hymne a l'Amoure pour le temps............. »

« on devrait décerner un jour férié consacrer au temps..........
et si ils ne veulent pas.................mettez vous en a-t*...........
faite le pour ce livre...................faite le pour l'humanité.... »

« avant j'avais les jambes décroisées et jétais tendu
maintenant je les croisent et je suis détendu.........
allez comprendre.................................... »

« moi qui croyait que les jambes croisées.........
c'était une histoire de coincées.......................
la Nature ma rapellé à l'ordre et apprit...........
qu'elle est là pour nous enseignée 15/01/18 »

« le temps qui est précieux...c'est pour les malheureux de gros porc »

« cette œuvre n'aurais jamais existée sans ce temps........
merci à toi Dame Nature............................. »

« je viens de savoir pourquoi on est pauvre
qu'est ce qui fait qu'on devient pauvre...
tout d'abord pour comprendre le pauvre
il faut discuter avec lui..certains seront sincère
d'autre seront filaire sans le fil......................
puis vous vous rendrez-compte que le pauvre
n'a jamais existé et que tout cela est une invention
que les gros-porcs et corrompus ont inclus dans notre système
sans même sans aperçevoir, aveuglé par le dépassement de soi
le pauvre est tout simplement un extra-sensible, d'ailleurs si
il vous raconte sa vie...il y a beaucoup de souffrance... Si il a
su résisté et survivre, il préfère rester pauvre plutôt que d'aller
se casser le cul au boulot pour être traité comme un chien pas le sien biensûr

celui du gros.............d'ailleurs des fois le pauvre touche les aides et il ne veut
pas travailler et ce a juste titre, il a compris bien avant-nous qu'on vivait dans
un monde factice....à quoi bon se casser le cul, quand on a réaliser que l'essentiel
de la vie se résume à un chien, de l'eau et un peu de pain...Ne l'oubliez jamais
le pauvre est avant tout un extra-sensible, tout a fait compréhensible...comme le
criminel, le psychopate, dépréssioniste......il suffit de fouiller dans le passé et vous
verrez que cela est dû à leur excés de sensibilité que personne n'a su regarder ou interpréter
à mon ami, le papillon qui vole........... vole............ et tout devient illusion........................... »

« je viens de réaliser avec le temps que la base meme de la crapule.....
c'est le philosophe....pas celui de maintenant mais celui bien d'antan »
16/01/18

« ça part de cette poignée de philosophes qu'on admire tant
qui ont commencés à la base à tout destructurer................ »

« c'est pour cela que le philosophe restera à jamais à son image
qu'un faux-sage.. »

« le philosophe de maintenant....c'est juste un transformé
d'ailleurs............il n'a jamais existé............................. »

« merci Dame-Nature de m avoir ouvert les yeux.................
du commencement jusqu'à maintenant............................. »

« je me demandais........pourquoi je le maudissais tant......
la Nature à pris le temps de me l'expliquer....................
en même temps que je le prends...................pour vous.... »

« en faite la philosophie et le religieux sont des lobbies........
on les à jamais vu .....aveuglé par notre arrogance..la leur »

« tout ces éléments que j'ai collé les uns aux autres sans le savoir
auront bouleversés ma vie à jamais .... »

« les gros porcs se sont tellement incrustés dans les tournages
que nos cerveaux sont tombés en panne d'eau....................... »

« quant a fini de regarder un film...................
tant sort pas plus intelligent bien au contraire »

« ils font tous l'éloge avant qu'il sorte
puis le casse de tout les cotés........
normal, ils sont sponsorisés.......... »

« les arômes et les gros porcs
sa sent la merde à plein nez
synthétique biensûre.......... »

« les films et series me fatigue
car il n'ya que 10% d'éfficacité
le reste est une perte de temps..
j'ai donc décidé de jeter ma tv »

« les meilleurs films, c'est la Terre et nos paysans »

« la chevalière, c'est pour les rois.....
les rois....ont leurs coupent la téte... »

« la chevalière...elle brille....nous on en a pas besoin
on a déjà le soleil............et il est bien plus utile.. »

« la chevalière, on la convoite tous.....
elle est pour les rois et gros porcs.... »

« travaillez par les mains sacrés des nouveau-nés.............
vous pouvez donc tous la jetée......................
elle ne va rien vous apportez...si ce n'est de l'arrogance »

« la chevalière...c'est pour te transformer en chevalier..
mais la Nature, te rappelle que c'est pas toi qui décide
c'est elle qui te donnes............... »

« la chevalière...elle va pas transformer
ton herbe en pain donc elle sert a rien
ni en vain d'ailleur.....ah oublie.......... »

« la chevalière..elle est belle...grosse...voyante..flagrante
comme ton inpertinance arrogance............. »

« toute cette or convoitée...tout cela pour se prendre pour des dulcés
redescend un peu ....tu y verra bien mieux...............
alors elle est belle...................la vue................................pas elle »

« les gros porcs adorent les lunettes de soleil
on les mets même en hiver .....a leclaire.... »

« avec les lunettes de soleil..on se sent beau..on frime
la mélatonine aussi.................................... »

« on les mets sur les plateaux, en voiture, au supermarché, dans les avions
même le soleil ne finit par plus rien y comprendre................ »

« comment veux-tu regarder le popotin............... chez une miss-france
on l'a désossée...............si il reste des plumes cela tiens de mon stylo »

« les miss-france ont leurs demandent toutes
d'être de plus en plus fine........................
les pauvres...nous qui adoront la chaire.... »

« les miss-france, ressemble à une tasse de café
avec un goût de genevieille*..........un autre svp »

« les miss-france, on ne leur arrive pas à la cheville
enfin à la hanche.........vous m'avez compris quoi »

« elles veulent toutes ressemblés à genevieille...............................
ce qu'elles ne savent pas c'est que genevieille ne ressemble à rien »

« la cigarette on peut s'en passer avec de la volonté »

« la pomme te permettra de t'en libérer.................
et le chocolat artisanal te permettra de l'affronter »

« des économies meilleurs pour ta santé..........
te permettront d'acheter fromages, fruits et légumes
de chez nos amis paysans de proximité................. »

« les déchets.........................on les respecte plus.............
parce qu' on ne sait pas qu'il y a un peu d histoire d' un homme, là-dedans
oui tu peux la mettre d'en celle là..... non pas cette couleur......la blanche »

« alors on le prend....... et le jette à tout va.................
d' un tour de bras.....vous viendrez remercier eugéne »

« les déchets, c'est l'histoire d'une poubelle
mélanger avec un peu de volonté............
pas de quoi se suicider............................ »

« les cachets n'on rien inventés..................
ils ont été fabriqués et continue d'ailleurs »

« on pourrait s'en passer avec de la volonté
il suffit juste d'étudier...de s'informer...... »

« nos aieux, on fait tout le travaille
le plus belle homage pour eux...
serait d'ouvrir et lire les pages
tout y est gravés et bien scéllés
on pourrait au moins les consultés »

« ils suffiraient de changer nos habitudes...........
quand a eux, ils pourraient enfin fermé les yeux »

« nos aieux tombaient dans l'amoureux
nous.....dans l'affreux....................... »

« nos aieux n'arrivent pas a dormir........
et pour cause.....comment veux-tu......
après tout ce que tu vois.................... »

« le foot c'était mieux avant comme le bodybuilding »

« le foot devrait prendre exemple sur la génération 98............
comme le bodybuilding devrait prendre exemple sur nubret »

« ils mouillent le maillot dans les pubs avant on le mouillait sur le terrain »

« le foot est devenu le sport le plus pourri au sens propre
et il y en a qui attache encore de l'importance.............. »

« le foot amateur, c'est bagdad en pire »

« le foot est devenu très arrogant............on a besoin d'y montrer ses chaussures
qui va bien avec le bleu et sa couleur de cheveux qui va bien avec sa chaussure »

« on s'éloigne du foot comme on s'éloigne du principe qui le tient »

« 2017 et on se demande qui va chanter...moi, je me demande qui va tremper le maillot
et c'est sûrement la troisiéme réponse...qui aura raison.......... »

« ils ne s'arrachent plus.....car ils se sentent intouchablent »

« quand on est gaté-pourri.....attendez pas à ce qu'on transpire »

« ils transpirent pas car ils sont encore enfants
les anciens le faisaient naturellement..........
pourtant ils ne savaientt pas qu'ils étaient adulte..... »

« le foot est denu une question d'argent...on en revient toujours à la base »

« le foot est beau quand il est pratiqué en azerbidjan »

« on refuse de mettre la vidéo au foot
c'est vrai qu'on manque de moyen
et que ça n'a pas d'importance........... »

« un fanatique c'est un hooligan »

« le foot à dépassé les frontières...........
il suffit de voir l'état de ton rétroviseur »

« on passe notre temps à s'insulté pour des clubs de foot.....................
alors qu'il y a 1000 choses bien plus importante.............................
que cette guerre de territoire inutiles, on vient voir juste un spectacle »

« même le foot on pourrait le changer
il suffit de changer nos habitudes... »

« quand je vois éric .....je comprends toujours pas
pourtant..........c'est si simple......................... »

« platiriz....c'est un pourri........ »

« j'ai laissé éclaté mes idées............à partir du moment.........
où je me suis déconecté de cette société de consommation »

« j'ai rencontré la simplicité avec un sachet de pistache, une bière et mon ami soixante huitard
nous étions tout les quatre assis sur cette paroi, de ce magasin netto, parlant de tout et de rien »

« ce que j'admire le plus à Natal, ce sont ces 2 jeunes garçons
qui travaillent dure pour gagner leur pain...............................
l'un fait des fleurs avec des fibres végétales........................
l'autre nettoie les pare-brise avec de la mousse et une raclette »

« elle aime bien parler, qu'est ce qu'elle papote, elle raconte tout
une vrai pipelette........................... oui elle est bien un homme »

« il siffle comme un paysan, roule avec sa vieille voiture, ne se prends pas la tête
il est sage et ben je n'ai rien à lui dire.. »

« la plus belle chose que j'ai réalisé jusqu'à maintenant................
c'est à dire mes 28 ans est ce livre et en plus il n'a pas de prix »

« on le traite de marginal, c'est tout à son honneur »

« dans ce livre, je me suis mis à nu, il ya tellement de pureté dans ce livre
tellement de sincérité que je le considère comme incorruptible................... »

« je rêve, je rêve énormément, je suis un rêveur, j'essaie avec le temps de concrétiser mes rêves
je ne suis qu'au comencement.. »

« une fois qu'on écrit ce livre, croyez-moi on peut mourir tranquille »

« ce livre sera fait au Puy et pourtant j'ai jamais mais mis encore un pied
nous sommes le 11 janvier, il est 23h44 à l'heure où je vous écrit.......... »

« je me demande comment vont réagir tout les menbres de ma famille
quand ils vont lire ce livre personne va y croire, c'est impossible......
et vont finir toujours par ne pas y croire, problème d'arrogance......... »

« ce qui m'énerve le plus, depuis que je me suis mis à écrire depuis ce mois de janvier
c'est que cela devient obsétionnel.. »

« j'écris et pourtant ne réfléchis pas, tout est automatique, tout est surtout naturel »

« quand je vais remettre pour la toute première fois, ce livre à mon ami argentin mon tendre et cher
ami, mon frère, il va etre bluffer, ne pas y croire mais avec le temps, il ne sera pas étonné »

« j'espère pouvoir atteindre mon objectif, le réaliser du début à la fin
autant dans sa forme................. que dans son contenu................. »

« toute ma façon de voir les choses à changer, c'est comme cela que je me suis trouvé
c'est comme cela que tout à commencer.. »

« l'extra-sensible, c'est la pire des choses qui peut arriver comme la plus belle
je retiens la dernière... »

« elle ma dit que j'étais un écorché vif, elle n'a pas vu que j'étais tout simplement un extra-sensible
problème d'arrogance..................................maudite soit-elle..................................... »

« ne m'attribuez pas des pouvoirs surnaturels, croyez-moi, je suis comme vous »

« ce livre est uniquement pour le peuple, encore le peuple, toujours le peuple »

« pourquoi le Puy, je n'en sais rien, l'appel est naturel »

« je m'interroge sur comment je vais tout mettre en place
cela ne sert à rien, laissons faire les choses naturellement »

« ce sera un livre rurale comme le paysan, un livre très simple sans marketing
tout est dans le contenu................... le reste c'est du superflus........................... »

« on veut tous ressembler à ces stars d'hollywood......
moi je dis, on devrait tous ressembler à nos paysans »

« dire que je me suis dépassé pour cette œuvre
serait mentir et pourtant peu me croiront...... »

« la vache rumine par nécessitée, toi, tu le fais par vanitée......................................
même dans le chewing-gum il ya de l'arrogance, c'est parce qu'il n'est pas naturel »

« quand je pense aux animaux entassés, c'est juste inhumain, vous me direz, c'est normal »

« qu'est ce que j'aime prendre mon temps, même au sport je le prends »

« le livre authentique, sera fabriqué au Puy »

« en faite, j'ai pas de problème avec les religions, mais pratiquer à 80/100, au moins pour l'humanité
pardon si j'ai blessé quelques communautés, croyez-moi, c'était pas mon but de vous offensés »

« réaliste, j'ai cette lucidité et ce don, donc autant le mettre pleinement au service de l'humanité »

« tout ces éléments que j'ai collé les uns aux autres sans le savoir
auront bouleversé ma vie à jamais .... »

« à chaque fois que je regarde un point culminant, je l'imagine ....
la ressemblance est flagrante mais ce n'est pas elle............................ »

« certains ne comprendront pas la portée de mes mots pourtant il suffit juste de pleurer
pleurer de tristesse, croyez-moi, j'ai du pleuré, pleuré et tomber pour me trouver »

« des fois je me demande si les pauvres ne sont pas les extra-sensibles de la société »

« cette ville est saturée, j'ai l'impression qu'on est dans un poulaillé industriel »

« je suis anticostard, il ya de la fourrure de diable là-dedans »

« elle est encore là, seulement pas aux bon endroit »

« le rapport que j'ai avec l'argent ma mère sera mieux le raconter que moi »

« je veux être sûre de ma theorie avant de la mettre en pratique donc on interroge »

« certain, disait qu'avec mon caractère, je pouvais travailler pour aucun patron
ils ont presque raison... »

« ce qui peut me mettre de rage c'est l'injustice et elle ne manque pas »

« j'ai deviné que j 'étais extra-sensible en faisant une introspection
et c'est la couleur qui me la révélée... »

« les yeux, je les tiens ni du père ni de la mère
c'est peut-etre liée a la sagesse...................... »

« tout ce qui est rationnel me parle.....le reste me dépasse »

« on devrait tous se jouer des gros porcs.....c'est tellement simple »

« quand j'écris je suis vulnérable, c'est ce qui me permet d'écrire »

« 28 ans et c'est la plus belle chose que j'ai faite dans ma vie....et elle est pour le peuple »

« avant je me foutais de tout, maintenant tout m'intéresse »

« ils se débrouilleront avec nous quand on sera à la retraite........................
c'est quand l'accident est fait...qu'ils se réveillent...en attendant bonne sieste »

« elle mache son chewing-gum comme une vache.....
contrairement a elle......elle le mache avec arrogance »

« ce que j'écris, ce sont des pensées, hadages, citations
ce qu'ils appellent la philosophie............................ »

« la philosophie, j'étais nul de chez nul
tout et rien, ne veulent donc rien dire.. »

« j'espere qu'un jour, tout les paysans travailleront main dans la main......
au lieu de s'espionner pour savoir qui à le plus beau tracteur................ »

« quand je résume toute cette écriture..
je me dis seulement l'AMOUR et une abscence total d'avarice permet d'écrire cela »

« ya de quoi etre fier et je suis fier de moi »

« ce livre, une fois qu'il sera achevé......je ne veux plus en entendre parlé... »

« j'avais pas prévu que cela se passe comme ça »

« j'avais 16 ans, j'ai explosé cette grosse vitre......pour un simple tg de Dame-nature
la coléref..........la folie...........qui peut la comprendre.......et pourtant ..,,,,.17/01/18 »

« reprendre sa vie normale......comme un normal.......
c'est la plus belle des choses............................ »

« pleuréeeee pleuréeeee encore pleuréeeee
c'est cette humilité qui ma apporté la lucidité »

« comprendre les gens dans leurs arrogance..........
c'est retourné à la réalité...et je ne vais pas tardé »

« elle m'a apportée le rien....... et le tout..............
pourtant c'est le rien qui a dominé........au carré »

« la rime on la met seulement parce qu'elle plait
encore une histoire d'apparence...................... »

« j'aime me tromper....18/01/18 »

« en faite je continue à pleuréeeee
car je sais, ce que tout cela va crée
je tente de les contenirs................
pourtant..elles sont naturelles »

« un simple cariste avec un bac stg et deux bts ratés
comme quoi la Nature est magnifique................. »

« je commence à m'amuser avec les jeux de mots
des fois je vais trop loin.....mais bon j'aime bien
enfin un petit plaisir d'ecrire........................... »

« tout ces éléments que je viens de coller les uns aux autres sans le savoir
auron bouleversé ma vie a jamais... »

« je viens en faite de realiser que si je suis sur cette Terre
c'est pour rétablir la vérité.........MERCI à toi là-haut..... »

« merci Dieu 16/01/2018 »

« toute cette paperasse te donne le vertige.......
le barbecue s'en occupera............................ »

« quand tu réalises.....on vie vraiment sur une autre planète
pauvre de nous.. »

« le papier......cet matière simple et naturel
les mutants l'ont transformés en aznavel »

« la vue sera magnifique....................
ça fait du bien de changer de vue.... »
21/01/2018

« si je perds cette humilitée............................
alors moi-aussi, je serai transormés...aveugléS »
30/01/18

« quiconque perd son humilitée.......perd sa puretée....
................croyez-moi............................ »

« on a tous le choix......moi...j'ai trouvé ma voie »

" certains disait que je parle comme les vieux
je comprend mieux........................ "

« si je vous parle avec autant de sagesse........
c'est que j'ai du ramassé à force de tomber
j'ai pu enfin me relever et réaliser...............
ce à quoi j'étais vouer............destiner......... »

« en fouillant un peu plus dans mon passée...........
j'arrive maintenant à sentir.....ceux qui le sont......
21/01/18 à 23h46.................................
ça c'était hier......mais on n'est pas encore aujourd'hui »

« commencer par la fin et finir par la fin
c'est comme une histoire sans fin.......
et pourtant cela ne me donne pas faim »

« tout est magnifique..
une vrai œuvre de mickael-ange.......21/01/18 »

« je me rends compte que je suis entourés d'extra-sensible............
qui ne le savent meme pas..pauvre Planete..qu'est ce qu'on ta fait »

« les gros porcs ont volés leur don........pourris jusqu'à l'infini........... »

« extra-sensible....est un conportement naturel qui est anodin.....
pourtant on né l'est pas.........il faut etre extrêment patient et lucide
pour détecter si il ou elle........peut l être........................ »

« ma qualité la plus pure....c'est que je ne suis pas né avec l 'avarice »

« mes valeurs son tellement forte...que j'ai très très peu d'ami
ne pleurer pas, croyez-moi.......a moins que cela, soi de joie »

« j'ai pour le moment terminer cette œuvre.........................
et j'avoues être surpris...............par moi-même.....................
comme quoi...il est important de s'étudier....de se connaître
donc un conseil......................prenez votre temps................. »

« au moins ils auront compris, qu'il ne fallait pas jouer avec mon esprit
19/01/18 à 10h18 »

« je suis dans mon musée......croyez-moi....on y est bien...
en plus il fait chaud..................................... »

« j'ai travaillé dans cette usine et vu que l'arôme...............
est artificiel et inflammable....bienvenu dans la société »

« le gros porc ma tellement épuisé.....que la lumière me dit de lui pardonner
et d'expliquer que le pire de tout les péchés....est sans hesiter l'AVARICE »

« ce qui manque dans ce pays ce sont des ambassadeurs ambulant »

« je préfére rester dans la discrétion.....qu'on vienne pas me poser des questions
j'ai déjà tourné la page...et vis comme vous..... »

« j'en suis presque sure, tout ceux qu'on a enfermé devait etre des extra-sensibles
que Dieu vous bénisse mes fréres et sœurs vous etes des saints......................... »

« je préfère écouter du rap américain.........
au moins, je comprends pas les paroles
et ça m'arrange....vu ce qu'on mange.... »

« rien n'était écrit et pourtant...................
tout m'était destinée....paradoxe non..... »

« j'ai rendu la virtualité dans ma spontaneité »

« comprendre le réel du virtuel
c'est me comprendre............. »

« a force de jouer...................
on récoltent ce qu'on sément »

« être au chaud.............. et écrire................
c'est la plus belle chose qui me soit arrivée »

« garde ta BN*.....moi, je suis bien avec ma 4l* »

« on les attaqueras de tout les cotés..............
c'est le seul moyen de tous les entérrés...... »

« rabaisser ma fierté pour ces gros porcs....plus jamais.....................
vous avez qu'a tout licencier.........tout arrêter................................
on a pas besoin de votre monde virtuel et cruel...pourriture humaine »

« laissez vos magasins de cotés et venez contempler la france
acheter un petit camion......soyez un patriote à petite echelle
pas a la leur....et si il ya pas assez d'argent...ils se demerderont »

« j'ai vidé ma tête.....quelle sensation de bien-être
enfin libre....................merci dame Nature...... »

« cette œuvre devra être finit............................
il ya trop de rage trop de haine en moi...........
et maintenant je sais d'où elle vient................
l'injustice du monde des oui-oui.................. »

« faite vous passez le message entre extra-sensibles.........................
c'est très important....si vous sentez que quelqu'un l'est....dite le lui
pour nous.......pour notre survie car le talent vient de la.................... »

« cette découverte ma submergé...je me sens tellement faible
à force de réaliser pas à pas................la Nature ma désossé
bouleversé dans le bon sens, c'est le trop plein de découvrire
jusqu'à la racine de votre chairequi vous êtes vous et vos semblables »

" je ne sais pas pourquoi, mon naturel n'aime pas la philosophie
il y a quelque chose de malsain là-dedans.................14/01/18 "

" moi, la philosophie, j'ai jamais rien compris......................
qu'est ce que j'étais nulle....................................
c'est sûrement lié a toute cette theorie...........................
et ces profs bizzares, louche un peu comme l'oeil du philo "

« je viens de retrouver mes notes de bulletins de salaires............
qu'est ce que j'étais nul en français, à croire que je ne le suis pas »
19/01/18 à 16h40

« bahut totalement débarassé...seul façon de s'y retrouver :17/01/18 »

« première écriture réaliser dans un bar à croissant
stylo.......bout de papier......tout a été accepté.......
c'est la que j'ai écrit sur la dépression : 13/01/18 »

« quand je pense...que j'étais nul en philo.....
c'est parce qu'elle est une invention........... »

« elle pensait que j'etais ecorché-vif, et pourtant
l'arrogance toujours et encore.......................... »

« j'ai jamais lu montesquieu, sartre, rousseau je connais de noms.......
c'est ce qui fera la beauté de ce livre............il sera autenthique..........
car je n'ais pas été préfabriqué à cela..comme les philosophes actuels »

« je creuse avec cette introspection...................
bien plus profonde que cette dépression..........
et m'aperçois avec toute cette réalité et lucidité
que tout m'étais destinée 14/01/18.................... »

« plus j'y pense et plus je me dis............
je suis un jean de la fontaine..............
en apparence, seulement en apparence »

« cette liberté d'esprit...
c'est faite en me libérant de cette société factice »

« l'agence-interim..m'apelle pour allez bosser
je suis en train de bosser......non................
écrire c'est penser, penser c'est bosser.......
donc je ne suis pas disponible 17/01/18...... »

« trombonne, scotch, ciseau, papier et vide.............
c'est comme cela qu'on façonne...qu'on libère-tout »

« attacher, assembler, découper, graver, liberter
c'est comme cela que l'ingéniosité vient......... »

« le livre ne portera aucune signature.....ce n'est pas une dédicace »

« tout doit étre parfait.........il y aura des erreurs.............
mais qui n'a jamais fait d'erreurs...donc on les laissera »

« ce que j'étais de mon adolescence, est que je n'avais aucun don
pour la philosophie et le dessin......et cela se confirme bien...... »

« je peux ressentir que beaucoup de gens vont pleurés
en lisant cette œuvre.......................ça m'émeut déjà »

« ce qui est magnifique, c'est que je sais que les gens qui vont avoir ce livre
vont se sentir libre et heureux.......cela me rends encore plus joyeux........... »

« en faite je sais ce qui m'attends...on va dormir très peu
de toute façon...j'ai le temps....je ne travailles pas....... »
merci pole-emploi

« j'ai l'impression que ça va me prendre des années
tout structurer....faire les connexions....les liaisons
vérifier....encore vérifier puis tout mettre au propre »

« les makrouds..j'adore...j'y vais presque tout les jours
en chercher a la boulangerie d'à coté......................
merci mes chère et tendre ami maghrébin..............
ils sont si généreux...normale ce sont des anciens
de vrais bénis des dieux............................ »

« on me traite de borné..............contrediseurs...............
c'est parce qu'en faite....j'avais déjà cette profondeure
en plus je le faisais naturellement.... spontanément....
maintenant je comprends, maudit soit les arrogants »

« j'ai l'impression que mon œuvre...avance à reculons...........
j'écris tout en structurant...je sens que ça va être long........ »

« ce qui est bien c'est une fois que j'aurai terminé cette œuvre
je serais totalement libérée.................................... »

« je remercie encore le ciel...que mon ami..mon frère..sois argentin »

« le gros porc va entendre ma colère et celle du peuple »

« j'en aurai donc jamais finit......face au gros porc.....
ce sera donc le combat d'une vie.......................... »

« ce livre c'est la plus belle chose que j'ai faite de toute ma vie
croyez-moi.....on peut mourir tranquille aprés-cela............... »

« j'ai écrit un livre....j'en ai fait une œuvre...
le ciel ma dit que ce sera un chef d'oeuvre »

« ce livre à beaucoup de pureté...je ne suis pas étonné »

« j'ai appris aprés ces quelques années de travail
que le monde de l'usine ne m'interessait plus
beaucoup de jalousie, très peu de reconnaisance
et un manque de solidarité évidente................... »

« je préfére quand tu parles la bouche fermée.........
tu y dis des choses bien plus belles et intéréssantes »

« je connais le respect mutuel....et non pas celui des anciens »

« je me suis toujours demandés...pourquoi j'aimais être debout
parce que j'ai passé les trois-quart de ma vie assis................ »

« ce que les gros porcs apellent la concurrance........
je la considére comme un échange, un partage...... »

« j'ai travaillé en tant qu'intérimaire......
je dirai plutôt en tant qu'interimerde.. »

« quand je pense que ce gros porc avait mis comme slogan.......
travail/famille/patrie...un sage aurait écrit Santé/Famille/Travail »

« pour moi le mot guerre n'a pas de sens............
il ya juste des gourous...des doigts d'une main »

« je ne vois toujours pas a quoi sert le référendum
je ny est encore jamais participé........................ »

« j'ai eu le temps de faire une introspection grace à pole-emploi
il sert au moins à quelque chose........................mon petit paul »

« je suis un mélange de sensibilté extrème, d'une émotion profonde
le tout assortis d'un volcan qui dort en moi..le cocktel explosif quoi ! »

« je me suis tellement pris la tête......
que je me sens un peu trop détendu »

« je parle énormément avec moi-même
croyez-moi cela fait du bien.............. »

« j analyse beaucoup car mon flair est très développé »

« elle avait son appart a 16 ans...pouvait lire jusqu'à 5 livres par jour
pourtant.............elle ne ma jamais impréssioné......................... »

« le problème dans cette famille...c'est l'arrogance dans tout les sens »

« depuis que ma vision a changé...j'essaie d'être le plus efficace possible
c'est la clé de la longévité .... »

« avoir trancher une fois pour toute à son importance dans cette contribution »

« on se ressemble mais nous sommes totalement opposés
comme quoi, tout n'est pas si facile à résumer............... »

« il veut que j'enlève la poussière...avec une soufflette
me voilà sénégalais... »

« les gens pensent que j'aime contredire, pourtant j'ai juste un point de vue différent »

« de tout les mois passés celui de janvier aura été le plus émotionnel »

« plus je vois du bio, et plus je me dis.......
ils nous prennent vraiment pour des cons »

« on découpe, on bricole, on scotch, on accroche
moi l'écriture, j'adore....................18/01/2018 »

« je peux pas écrire plus vite que le poignée, faut donc que je laisse reposés
un gros porc aurait dit que si.........................chien errant............. »

« je suis fier de mon oeuvre, pas arrogant comme vous................ »

« je mettrai pas de point t'interrogations.........................
j'ai l'impression que c'est une invention des philosophes
ils seront donc remplacés par ... . »

« vivement que je me remettes au sport...je suis trop maigre
j'ai troqué l'hélliptique pour le poétique....incroyable........
et dire que je voulais disparaître............................... »

« a cause des gros porcs, on considère que le bonheur est impossible...............
parce qu'ils l'ont transformés.......... écrabouillés..........piétinés......... ....
sans aucune scrupule............................les crapules...
maintenant, tu seras, toi le déserteur.....j'ai senti ta connexion...........................
et t'apportes l'explication........prends soin de toi......je suis sûre qu'on se croisera »

« on se demande pourquoi, les gens du voyages déteste restés enfermés
j'ai enfn compris... »

« on ferme la porte a double tour.............pourtant, c'est du papier
c'est juste que cela risque de choquer.........................19/01/18
ça me fais penser a.......ils ont tout pris.......sauf la trompette........ »

« en faite on ne se qualifie pas de sage
d'ailleurs, je ne le suis pas................ »

« je pense que tout le monde a un don...
mais personne ne prend le temp de se regarder en face sans tricher »

« certaine personne pense qui je suis béni des dieux
pourtant, je ne suis pas religieux........enfin a 80% »

« ce livre sera un chef-d'oeuvre à l'état pure »

« ce livre sera connue de tout le monde..........................
la Terre entière connaitra ce livre et ce à juste titre.......
avec autant de pureté dans le bouquin.........................
ce sont tout les terriens.......................qui sont concernés »

« le dragon il vole.......survole... encore plus haut toujours plus haut
la Terre lui a fait rappeller qu'il est avant-tout serpent...................
on ne fait qu'apprendre... »

« la rage de certaine musique font entrer ton volcan en irruption
et pourtant il n'est pas toujours bon... »

═══

« le sport ne se sert pas uniquement a se sentir beau ou être fort
mais est une véritable thérapie pour tout le corp...................... »

« quem hesita se masturba »

« le brésil est a mi-chemin entre l'enfer et le paradis
croyez-moi, le détour en vaut la peine.................. »

« si tu arrives a te contrôler, quand tu es au brésil
tu as déjà fait la moitié du travail...................... »

« au brésil, il n y a pas de demi-mesure
c'est soit on adore, soit on déteste...... »

« quand tu fais l'amour à ta femme, comporte-toi comme un homme
et fais le avec force......... profondeur............et endurance................ »

« la france, elle est belle, il suffit de regarder par-terre »

« c'est beau, c'est surtout triste »

« il n'y a rien de pire que d'allez contre sa nature demande à hublot »

« il ya le vendeur ambulant et le patriote ambulant, l'un fait sa par amour, l'autre par argent »

« tant que le produit sera flashant, en l'embellissant dans ses mots
qui au final non ni queue ni tête, on sera dans de l'industriel.....»

« quand l'echange n'est plus équilibré ce n'est plus un échange c'est du vol »

« les questions bêtes faut les posées sinon on reste con »

« ils automatisent tout, bientôt ils vont scannés nos plaques
et on va naître avec un code barre derrière la tête............. »

« pour comparer les bêtes, il suffit juste de les regardées, les observées......
et on voit que la difference est flagrante, encore une question de temps »

« avant on ouvrait 5 minutes avant, maintenant on ouvre 5 minutes après
et on ferme 5 minutes avant................ allez comprendre........................ »

« les traiteurs c'est pour les paresseux, tout comme les agences immobilières »

« plus c'est civiliser, moins ya de civiliter..........triste........ »

« tout est beau....enfin presque.......ce n'est qu'un tableau »

« quand t'estimes qu'il ya de l'injustice, ta le droit de faire du mal
crois-moi........les portes du paradis resteront entre-ouvertes........ »

« le respect des anciens..c'est comme noel, ça ne me parle pas »

« le respect des anciens..c'est comme noel une fete paienne »

« au départ, il te fait les yeux doux, ensuite l'agneau se transforme en loup »

« il a son bac stg et est devenu infirmier......comme quoi tout est possible »

« les mauvais langues se sont démultipliées comme la corruption
l'une ne pas vivre sans l'autre.......................... »

« maintenant, dans la boucherie, il vende meme du pain
moi qui croyait que c'etait le boulot des boulangeries... »

« ils on travaillés toute leurs vie pour 900 euros de retraite
en plus de cela, il ne simulait pas................... »

« l'argent est bien répartit demande a parise
celle qui vit dans l'hotelle................bravo »

« cette TERRE n'est pas celle des truies........on oublie trop souvent de le dire »

« elle a visité l'idh à 0,5.........était triste de voir ces gens dans cette vieille maison
avec ce petit terrain-sans-rien........cet interieur sans papier peint..........................
pourtant elle les a vu HEUREUX .... »

« l'homme regarde cérébralement et physiquement le popotin d'une femme
c'est l'effet magique que cela créée...........................oui mon colonel...... »

« tout le monde a un pancréas personne se demande pourquoi..........
demande à tes lipides......euh glucides...........enfin tu mas compris »

« on né tous libre.........mais de religions differentes.....
allez comprendre...................................... »

« on manque de patriote ambulant.......................
c"est ce qui devrait avoir dans ce pays............... »

« le costard.....l'uniforme......l'insigne................
il n'y a rien de pire pour endoctriner un homme »

« aujourd'hui le mariage est devenu une illusion.......
comme netflix......facebook....et snapchat................ »

« le sacré............c'est sacrément con.................
fait donc ta bêtise......................celle des 20... »

« l'avarice est le pire des péches et le moins naturelle »

« marcher c'est comme savoir temporiser..........
sa respiration...............son temps.................... »

« c'est quand on croit que le monde de la charité est beau qu'on se rhabille »

« la musique est un petit jardin lyrique.....elle te transporte...te calme...te soigne... »

« comprendre les gens dans leurs arrogance...
c'est retourné à la réalité.....triste réalité...... »

« le juste prix n'a pas de prix car il est juste »

« les amis se comptent sur les doigts d'une main amputée »

« on a pas besoin de signe et d'insigne pour être croyant »

« la paresse est sans-étage...moins t'en fais mieux c'est... »

« ça part de cultures differentes, tout le monde vit en harmonie
jusqu'à ce que l'homme ce soit transformé..........
aveuglé par son arrogance, celui qu'on apelle la ligne invisible........ »

« il faut faire le vide total, pour comprendre la base de l'histoire
comme si ni panneaux..... ni vélos..... ni édifices.... avaient existés »

« on vit avec notre temp..
netflix et les 500 chaines font partie intégrante de notre vie »

« le service est juste............si l'équilibre est parfait.... »

« christianisme........islamisme.......judaisme ....ne sont que des aphorismes
mesuront les toutes, à leurs juste valeurs......celle des 80....pour notre bien »

« expliquer l'inexplicable...bon courage »

« l'âme-soeur faut y croire encore et encore »

« on prévoit tout à l'avance.........
pourtant l'avance ne fais pas tout
c'est la Nature qui décide....... »

« la rime c'est beau seulement beau
alors on la met...c'est ce qui plait »

« pour entretenir l'amour......................
fait en sorte qu'il ne soit pas éphémère »

« la Nature est belle...le problème
c'est qu'on se promène en vélo »

« les hommes sont capables de se battre entre-eux pour un simple regard..........................
mais il n'y a plus personne quand il s'agit d'aller voir une femme.......allez comprendre »

« les femmes voient leurs ventre doubler, tripler, pendant leurs grossesse
alors par respect pour elle on va tacher de garder la ligne svelte........
jusqu'à la fin de nos jours... »

« l'avantage de nous avoir divisé...c'est que quand il y aura une guerre
ils pourront tous allés se mettre un doigt dans le cul......................... »

« optimiste c'est bien réaliste cest mieux »

« lire c'est bien, écrire c'est mieux »

« on considère que le bonheur est impossible.............
c'est parce que la réalité finit toujours par le rattrapé »

« on se demande pourquoi la femme est plus vite mature que l'homme
c'est qu'elle n'a pas le choix...........................regarde la date............. »

« si tu veux réussir.....laisse-toi impressioner par personne »

« comment tu veux qu'elle soit souriante et heureuse
quand elle se voit tout les matins hideuses.............. »

« le chien aboit...la caravane s'arrête..lui coupe sa chaine
puis l'emmène et il coule enfin des jours heureux.......... »

« on fait l'amour à nos femmes.....................
comme quand on va badger a 4h00 du matin »

« des tablettes, du numérique en veux tu en voilà.......
qu'on se demande pas pourquoi...on est tous bigleux »

« on a transformé nos femmes en pirate...
heureusement, que la Nature leur rappelle qu'elle son avant-tout mère »

« ils font l'amour sur la plage...avec 2 bières au soleil-couchant
croyez-moi...c'est bien plus bandant... »

«l'humilité n'est pas un manque de confiance...l'orgueil oui »

« la concurrance est apparu bien après l'échange et le partage »

« les gens, sont admiratifs à tort, de ceux qui s'acharnent au travail »

« on marche........on marche........ on marche............
on en oublie juste qu'on est recouvert a 70% d'eau »

« l'éfficacité c'est comme le cérébral...c'est plus de 70% du travail »

« on structure c'est comme cela qu'on bâtit »

« la rime elle est belle......seulement en apparence
seulement en apparence..................................... »

« le temps.......le temps........le temps on court aprés lui
pourtant, lui, prend son temps.............................. »

« si tu ne fais rien........pense au moins »

« ce qui apelle les marginales ce sont surtout des réalistes »

« le chimiste c'est celui qui essaye de corrompt le produit
quand au mathématicien...il lui donne une signification »

« l'idée est brillante pourtant personne ne l'écoute »

« quand on est trop préoccuper dans sa tête
on a du mal à écouter....................vide-la »

« faire semblant de ne pas entendre ou voir
c'est ce qu'il ya de pire pour un humain... »

« des fois cela part d'une idée sans s'en rendre compte
de l'ampleur que cela peut prendre........................ »

« des régimes minceurs en veux tu en voilà.............
prends une pomme du pommier pommé................ »

« tellement de voiture à 5 places................
pourtant le compte n'y est pas sur la route »

« on a rien à envier, au société peu développé
elles on su au moins garder leur valeures... »

« il n'y a rien de pire que de se forcer à rire...cela nous dénature »

« ne prends pas l'amitié pour quelque chose d'acquis »

« on trouve le français stréssé..mal-éduqué et arrogant
c'est sûrement que tu n'est pas au bon endroit ...... »

« le bébé pleure et on fait semblant de ne pas l'entendre
pourtant s'est sa seul façon de s'exprimer..................... »

« avec cette tv ya de quoi être térrorisé
d'ailleurs, on l'est tous.................. »

« les copains c'est comme les yo-yo
ça s'en va-et sa revient............... »

« les policiers ne devraient pas appliquer bêtement la loi
car ils sont avant-tout.....des hommes......................... »

« il simule leur dos......poignée.......
il on surtout compris avant-nous.... »

« les arômes des gros-porcs aiment nous montrés, la générosité des stars......
ils sont tellement aveuglés, pauvre d'eux, après tout ils ne sont qu'artificiel »

« 80% de dieu....20% de libre pensée.... »

« ne laissez-jamais une religion vous envahir a 100% »

« il y aura peut-être des fautes d'orthographes dans ce livre
après-tout, qui n'a pas fait de faute................................. »

« avec les gros-porcs.......................................
croyez-moi, amoureux de la Terre, c'est jusqu'à la mort »

« la sagesse est un don
et le don est Naturel »

« le citadin est arrogant dans sa grosse berline......
il fume.......frime....... à une piscine...................
mais croyez-moi il n'est pas heureux................ »

« il est si simple de détruire cette sociéte de consommation
il suffit juste de changer nos habitudes............................. »

« le marketing, il est partout, on en a pas besoin »

« personne n'a voulu qu'on colonise tel ou tel pays
qu'on massacre tel peuple ou telle ethnie................
c'est une poignée d'homme qui ont décidés cela...... »

« l'amitié on la créé avec de la sincéritée »

« quand on connait rien, on apprend la base, c'est comme ça que tout commence »

« trop fier pour redescendre sur Terre
trop fier pour avouer ces fautes
c'est cela qui nous tue »

« les enfants travaillent dans les champs, ya pas de mal quand il est artisanal
c'est scandaleux quand il est fait par les malicieux.............gros sacs à merde »

« ils font des études comportementales de chiens
apportent des chimistes dans leurs laboratoires de cuisine
pauvre d'eux, ils sont cobayes sans même s'en apercevoir »

« les usines sont devenus des chambres à gaz, croyez-moi »

« on te confie plus de 1000 euros de marchandise qui pourrait partir en fumés
dans les secondes à venir..........c'est pas ce qui va faire bouger ton taux horaire »

« on a pas besoin de signe et d'insigne pour être croyant.........crois-moi...... »

« l'aumône à l'interieur des églises.........................
c'est des arômes d'épices de synthése et foutaise »

« la musique c'etait mieux avant
comme les 3/4 des choses....... »

« tu veux faire parler ta création ....
ferme les yeux et vide tout............
revient à la base pure................... »

« le gaspillage est de partout..............................
qu'on nous dise pas qu'il y en a qui crève encore de faim »

« on mange beaucoup trop..........
il suffit de regarder notre ventre »

« le bébé pleure et personne n'écoute..........
on fait surtout semblant de ne pas entendre »

« comme quoi la Nature a bien fait les choses...
elle a tout bien rangée..ordonnée......triée......
pour qu'on puisse chacun se trouver............
prenez donc le temps de vous étudiez.......... »

« on brille bien plus dans l'obscurité ....qu'à travers les projecteurs »

« prenez le temps d'observer...à quel point................
on est conditionné...manipulé.......et mijoté...... »

« pour juger quelqu'un il faut connaître avant-tout ses défauts »

« le partage existe bien avant la concurrance »

« l'égalité a été inventé...la Nature nous le rappel »

« si l'idée de rentabilitée vient avant ton idée
tu peux déjà laissé tombé......................... »

« qu'il soit président, stars du foot, ciné, musique, médecin, juge, policier
il n'y a aucune différence.......il suffit juste de baisser notre pantalon. ....»

« ils ont coupés le cordon-ombilical entre paysan et citoyens
c'est comme cela qu'ils ont commencés.............................. »

« beaucoup de gens sont si fiers d'attribuer des pouvoirs surnaturels
aux docteurs, avocats, coach-sportifs après-tout ils n'ont rien inventés »

« on leur donne des étoiles michelins...ils peuvent se les mettrent la où je pense »

« faut payer dans ce pays quand on crée, innove et invente allez comprendre »

« on voit un asticot, une araignée..........
et on en devient tous paniquée............
on est surtout déconnécté de la réalité »

« si il ya autant de distance entre la police et la population
c'est que l'uniforme a pris le dessus.................sur lui..... »

« voir en grand...toujours en grand......
c'est cela qui nous tue.......................... »

« cette Terre n'appartient pas aux gros porcs »

« si tu constates que tout va bien.................
c'est que tu n'as pas l'esprit assez ouvert...... »

« si ils fuient tous se pays...c'est qu'ils sons aveuglés »

« imiter les gros porcs c'est la pire des choses qui peut nous arrivés
et malheureusement, on commence à le faire............................... »

« les arômes des gros porcs ont compris..............
qu'on aime la merde alors ils nous en remettent »

« de trop penser on se fait des films »

« à force de trop penser on en a mal à la téte »

« il démissionne de son poste en or....................
comme quoi, tout n'est pas question d'argent »

« pour voir autant de déchirement entre-humain
c'est bien que les lobbi contrôle ce pays........... »

« le jour où il y aura une pub disant qu'on est plus cher...........
car nos salariés son mieux payés...t'aura le droit de te toucher »

« la plus belle victoire qui pourrait redonner une signification à ce pays
c'est quand les paysans arreteront d'alimenter toutes ces usines laitieres
on n'a pas besoin de lait de vaches, brebis, ou chevres...en tant que lait
qu 'est ce que le lait???..................90% d'eau, on peut donc s'en passer »

« empiler les êtres humains, dans ces cachots de nid d'oiseau................
normal, ils ont pêchés, pourtant croyez-moi que la majorité de ce pêché
n'est pas l'avarice........donc ils sont d'ores et déjà tous pardonner........... »

« une mgs* de plus et c'est encore un pas de moins vers l'avenir »

..

© 2020, Guillaume Dubourdeau

Edition : Books on Demand,
12/14 rond-Point des Champs-Elysées, 75008 Paris
Impression : BoD - Books on Demand, Norderstedt, Allemagne
ISBN : 9782322206148
Dépôt légal : Février 2020